COMPORTAMENTO ORGANIZACIONAL
e Intraempreendedorismo

EDITORA
intersaberes

DIALÓGICA

O selo DIALÓGICA da Editora InterSaberes faz referência às publicações que privilegiam uma linguagem na qual o autor dialoga com o leitor por meio de recursos textuais e visuais, o que torna o conteúdo muito mais dinâmico. São livros que criam um ambiente de interação com o leitor – seu universo cultural, social e de elaboração de conhecimentos –, possibilitando um real processo de interlocução para que a comunicação se efetive.

Comportamento organizacional e intraempreendedorismo

Camila Bruning
Cristiane Cecchin Monte Raso
Alessandra de Paula

EDITORA intersaberes

Av. Vicente Machado, 317 . 14º andar
Centro . CEP 80420-010 . Curitiba . PR . Brasil
Fone: (41) 2103-7306
www.editoraintersaberes.com.br
editora@editoraintersaberes.com.br

Conselho editorial	Dr. Ivo José Both (presidente)
	Drª Elena Godoy
	Dr. Nelson Luís Dias
	Dr. Neri dos Santos
	Dr. Ulf Gregor Baranow
Editor-chefe	Lindsay Azambuja
Editor-assistente	Ariadne Nunes Wenger
Preparação de originais	BELAPROSA
Capa	Sílvio Gabriel Spannenberg
Projeto gráfico	Fernando Zanoni Szytko
Diagramação/Infografia	Janaina Benato Siqueira
Iconografia	Vanessa Plugiti Pereira

Dados Internacionais de Catalogação na Publicação (CIP)
(Câmara Brasileira do Livro, SP, Brasil)

Bruning, Camila
   Comportamento organizacional e intraempreendedorismo/Camila Bruning, Cristiane Cecchin Monte Raso, Alessandra de Paula. Curitiba: InterSaberes, 2015.

   Bibliografia.
   ISBN 978-85-443-0293-4

   1. Comportamento organizacional 2. Organizações – Administração I. Raso, Cristiane Cecchin Monte. II. Paula, Alessandra de. III. Título.

15-09366   CDD-658.001

Índices para catálogo sistemático:
1. Comportamento organizacional: Administração de empresas 658.001

Foi feito o depósito legal.
1ª edição, 2015.

Informamos que é de inteira responsabilidade das autoras a emissão de conceitos.
Nenhuma parte desta publicação poderá ser reproduzida por qualquer meio ou forma sem a prévia autorização da Editora InterSaberes.
A violação dos direitos autorais é crime estabelecido na Lei n. 9.610/1998 e punido pelo art. 184 do Código Penal.

Sumário

7 *Apresentação*

11 *Como aproveitar ao máximo este livro*

1

14 Comportamento organizacional e intraempreendedorismo – localizando o tema na história da Teoria Geral da Administração

18 1.1 Breve história da Teoria Geral da Administração: linha do tempo

2

44 Intraempreendedorismo

49 2.1 Características pessoais dos intraempreendedores

52 2.2 Características das organizações que promovem o intraempreendedorismo

55 2.3 O intraempreendedorismo colocado em prática

3

72 Variáveis do comportamento organizacional relacionadas aos indivíduos

74 3.1 Personalidade e valores

85 3.2 Percepção

92 3.3 Tomada de decisão

97 3.4 Aprendizagem

102 3.5 Motivação

4

122 Variáveis do comportamento organizacional relacionadas aos grupos

123 4.1 Fundamentos do comportamento grupal

125 4.2 Os grupos nas organizações

137 4.3 Poder, política e liderança nas organizações

5

166 Gerenciando a mudança e desenvolvendo a organização
167 5.1 Sustentabilidade
171 5.2 Cultura organizacional
175 5.3 Desenvolvimento organizacional
177 5.4 Gestão da mudança

191 *Para concluir...*

193 *Referências*

201 *Respostas*

211 *Sobre as autoras*

Apresentação

Este livro apresenta a você dois temas de grande importância para a administração de empresas nos dias de hoje: comportamento organizacional (CO) e intraempreendedorismo.

Entendemos por **comportamento organizacional** a área que estuda o comportamento dos indivíduos e dos grupos quando organizados, isto é, quando são parte de uma organização. O objetivo que se busca alcançar com a investigação dessa área consiste em prever e dirigir as ações dos indivíduos e grupos que fazem parte da organização de modo a atingir propósitos estabelecidos e torná-la mais eficiente e produtiva.

O **intraempreendedorismo**, por sua vez, é um tipo específico de comportamento organizacional que vem sendo cada vez mais valorizado pelas organizações. Ele corresponde à postura do colaborador que busca encontrar novas oportunidades e implementar melhorias nos processos, produtos ou serviços da organização, isto é, procura ser inovador, criativo e flexível, indo além daquilo que está predeterminado para ele. Trata-se da atitude do empregado que se identifica e atua como dono do negócio.

A literatura disponível sobre CO é longa e extensiva, e grande parte dela até é retomada e citada neste trabalho. Então, qual é o diferencial do livro que aqui apresentamos? Dois pontos o tornam especial. Primeiramente buscamos explorar a relação entre os diferentes temas da área de comportamento organizacional e o intraempreendedorismo. Procuramos deixar claro ao leitor o que é o comportamento intraempreendedor e suas características e o que é necessário fazer para promovê-lo entre os colaboradores de uma organização.

O segundo aspecto que diferencia a obra das demais refere-se à forma e à linguagem escolhidas, por meio das quais visamos introduzir conceitos e teorias de modo sumarizado, enfocando a prática e a aplicação deles pelos gestores e intraempreendedores. A utilização de uma linguagem dialógica busca favorecer o aprendizado autônomo e guiar o leitor em um processo de apreensão, retenção e aplicação do conteúdo aqui trabalhado, bem como de reflexão sobre esse objeto de estudo.

Ao longo do livro, vamos conversar sobre o modo pelo qual o CO se estabeleceu como uma área específica dentro da administração de empresas, os objetivos e os principais temas de atuação. Analisaremos aspectos dele em seus diferentes níveis de abrangência (individual, dos grupos e da organização), como nas ações de desenvolvimento organizacional e de gestão da mudança.

No nível individual, examinaremos os processos psicológicos que influenciam a maneira como os indivíduos se comportam na organização, como a percepção, a aprendizagem, a personalidade, os valores e a motivação.

Sabemos que frequentemente, quando estamos em grupo, nos comportamos de modo diferente do que quando nos encontramos sozinhos. Por isso, vamos refletir sobre como o fato de estarmos inseridos em grupos também influencia a forma como agimos. Nesse sentido, analisaremos os processos de comportamento organizacional relacionados à dinâmica de funcionamento dos grupos, as relações interpessoais que se estabelecem e como a comunicação, as disputas por poder, os conflitos, as questões políticas e de liderança podem ser influências importantes.

No nível organizacional, vamos considerar como o comportamento das pessoas que fazem parte da organização se agrega para formar o que chamamos de *cultura organizacional* e de que modo podemos realizar mudanças desejadas naquele contexto, promovendo o desenvolvimento organizacional.

A esta altura da leitura, você deve estar se perguntando: Onde o intraempreendedorismo se encaixa nisso tudo? Como tipo de comportamento que vem sendo valorizado no mundo corporativo, a cultura do intraempreendedorismo é um exemplo de uma das mudanças desejadas que podemos promover. Ao longo do livro, vamos discutir como o comportamento e a cultura de empreender internamente nas organizações podem ser incentivados nos níveis individual e grupal, para que, no âmbito organizacional, a inovação, a inventividade, a busca por oportunidades, a melhoria contínua e o empreendedorismo sejam valores compartilhados por todos os que delas fazem parte.

Para melhor trabalhar esses conteúdos, o livro está organizado em cinco capítulos. No Capítulo 1, vamos identificar como e por que o comportamento organizacional surge como área de interesse no contexto da história da administração. No Capítulo 2, abordaremos o intraempreendedorismo, sua importância para as organizações, as principais características do comportamento intraempreendedor, bem como a forma como os gestores podem encorajar atitudes intraempreendedoras.

Nos Capítulos 3 e 4, vamos tratar, respectivamente, de aspectos subjetivos dos indivíduos e dos grupos que são fundamentais para a compreensão e gestão do comportamento nas organizações. Finalmente, no Capítulo 5, discutiremos a cultura organizacional e o modo pelo qual podemos promover o desenvolvimento da organização por meio do incentivo da ação ética e empreendedora, gerindo esse processo de mudança de forma eficiente.

Esperamos ter despertado seu interesse. Vamos começar?

Como aproveitar ao máximo este livro

Este livro traz alguns recursos que visam enriquecer seu aprendizado, facilitar a compreensão dos conteúdos e tornar a leitura mais dinâmica. São ferramentas projetadas de acordo com a natureza dos temas que vamos examinar. Veja a seguir como esses recursos se encontram distribuídos no decorrer desta obra.

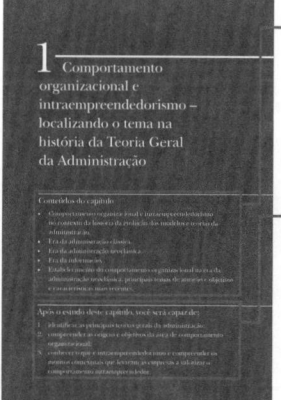

Conteúdos do capítulo
Logo na abertura do capítulo, você fica conhecendo os conteúdos que nele serão abordados.

Após o estudo deste capítulo, você será capaz de:
Você também é informado a respeito das competências que irá desenvolver e dos conhecimentos que irá adquirir com o estudo do capítulo.

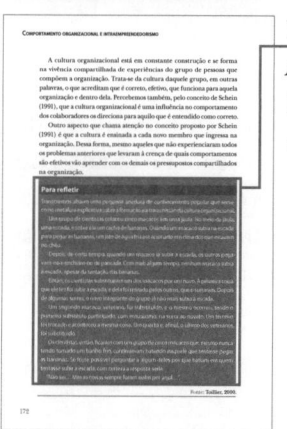

Para refletir
Aqui você encontra trechos de textos que levam à reflexão sobre o assunto abordado no capítulo.

Estudo de caso
Esta seção traz ao seu conhecimento situações que vão aproximar os conteúdos estudados de sua prática profissional.

Síntese
Você dispõe, ao final do capítulo, de uma síntese que traz os principais conceitos nele abordados.

Questões para revisão
Com estas atividades, você tem a possibilidade de rever os principais conceitos analisados. Ao final do livro, as autoras disponibilizam as respostas às questões, a fim de que você possa verificar como está sua aprendizagem.

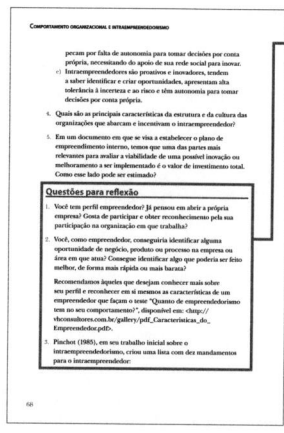

Questões para reflexão

Nesta seção, a proposta é levá-lo a refletir criticamente sobre alguns assuntos e a trocar ideias e experiências com seus pares.

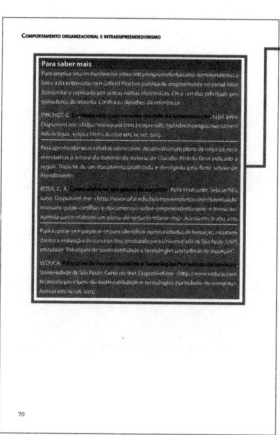

Para saber mais

Você pode consultar as obras indicadas nesta seção para aprofundar sua aprendizagem.

1 Comportamento organizacional e intraempreendedorismo – localizando o tema na história da Teoria Geral da Administração

Conteúdos do capítulo

- Comportamento organizacional e intraempreendedorismo no contexto da história da evolução dos modelos e teorias da administração.
- Era da administração clássica.
- Era da administração neoclássica.
- Era da informação.
- Estabelecimento do comportamento organizacional na era da administração neoclássica, principais temas de atuação e objetivos e características mais recentes.

Após o estudo deste capítulo, você será capaz de:
1. identificar as principais teorias gerais da administração;
2. compreender as origens e objetivos da área de comportamento organizacional;
3. conhecer o que é intraempreendedorismo e compreender os motivos contextuais que levaram as empresas a valorizar o comportamento intraempreendedor.

Comportamento organizacional e intraempreendedorismo – localizando o tema na história da Teoria Geral da Administração

Para compreendermos o que é e como funciona o comportamento organizacional, precisamos começar conceituando *organização*. Trata-se da união de pessoas e grupos em uma unidade orientada para uma produção coletiva que pode ser de ideias, de bens ou de serviços (Lévy, 2001; Motta, 1993). As organizações são intencionalmente planejadas para realizar objetivos (Etzioni, 1980), e nelas as pessoas são interdependentes, partilham de recursos coletivos – como meios técnicos, materiais, conhecimentos e experiências – para atingir um objetivo comum (Etzioni, 1980; Lévy, 2001; Petit; Dubois, 1998). Outra característica é que dividem entre os membros o trabalho, o poder, as responsabilidades e a comunicação.

Perguntas & respostas

O que é uma organização?
É uma unidade social composta de duas ou mais pessoas e intencionalmente coordenada para atingir um objetivo comum (ou um conjunto de objetivos compartilhados).

As organizações existem há muito tempo. O ser humano, desde seu surgimento, articula-se em grupos para atingir objetivos de forma mais eficiente. Os homens das cavernas, nossos antepassados, por exemplo, juntavam-se com a finalidade de caçar grandes animais, empreendimento impossível de ser realizado individualmente. Outro exemplo é nossa forma atual de trabalho em corporações, nas quais nos organizamos e dividimos atividades e responsabilidades para produzir e comercializar produtos e serviços a fim de obter retorno financeiro. Esse tipo de organização é também conhecido pelo nome de *empresa*.

Perguntas & respostas

O que é uma empresa?
É um tipo de organização que articula fatores produtivos com o objetivo específico de produzir e/ou comercializar produtos e/ou serviços, para com isso obter resultado econômico (lucro).

Embora as organizações já existam há muito tempo, as empresas, tais como as conhecemos hoje, são uma novidade na história da humanidade. Foi somente a partir do final dos anos de 1700, período histórico no qual ocorreu o que convencionamos chamar de *Revolução Industrial*, que passamos a nos articular de modo a dividir o trabalho e as tarefas que compõem todo o processo de produção de uma mercadoria a fim de comercializá-la.

Conforme o professor doutor José Henrique de Faria (1997), desde a Revolução Industrial as organizações vêm aprimorando as formas de administrar os empreendimentos, isto é, modificando as maneiras como as pessoas se organizam para produzir e comercializar produtos e serviços. O pesquisador chama de *tecnologias de gestão* os diferentes modos de gerir organizações que vão sendo desenvolvidas à medida que o tempo passa.

Perguntas & respostas

O que são tecnologias de gestão?

"O conjunto de técnicas, instrumentos e estratégias utilizados pelos gestores [...] para controlar o processo de produção em geral, e de trabalho em particular, de maneira a otimizar recursos nele empregados, pondo em movimento a força de trabalho capaz de promover a geração de excedentes apropriáveis (lucro) de forma privada ou coletiva" (Faria, 1997, p. 30).

As tecnologias de gestão vêm sendo desenvolvidas ao longo do tempo com o objetivo de se retirar proveito máximo da capacidade de produção das organizações. Inicialmente focaram mais no arranjo e na distribuição física do trabalho entre as pessoas de uma mesma empresa, por exemplo, o arranjo planejado de máquinas e equipamentos, a sequência e o fluxo da produção, os métodos, as normas e as instruções de trabalho, entre outros. Mais tarde, por volta da década de 1950, em razão de mudanças econômicas e sociais que ocorreram no mundo todo no período pós-guerra e que levaram ao aumento da concorrência entre as organizações e à saturação dessa forma de gerir o trabalho, começaram a ser estabelecidas tecnologias de gestão que se preocupavam mais fortemente com questões subjetivas dos colaboradores, tais como comportamento, motivação e atitude em relação a seu trabalho e à empresa.

Faria (1997) aponta que essas novas tecnologias de gestão comportam técnicas de ordem comportamental e ideológica e passaram a contemplar planos de recrutamento e seleção, treinamento e desenvolvimento de pessoas, mecanismos de motivação e incentivo, planos de carreira, benefícios, bonificações, construção de cargos enriquecidos com atividades que promovessem maior satisfação a seu ocupante, formas de integração entre funcionários, além da gestão e socialização da cultura organizacional de modo a promover valores úteis à organização.

Desde a Revolução Industrial até os dias atuais, foram estabelecidos diferentes modos de gestão, que utilizam tecnologias específicas. Os primeiros, que surgiram no início dos anos de 1900 e ficaram conhecidos como *administração clássica*, são marcados pela organização científica do trabalho e pelas teorias desenvolvidas por Frederick Winslow Taylor, Henry Ford e Henri Fayol. Esses modos de gerir seguem funcionando até os dias atuais, porém sofreram alterações e adaptações para se adequarem às mudanças econômicas e sociais que ocorreram ao longo dos anos.

No período pós-guerra, com a contribuição do que ficou conhecido como *Escola das Relações Humanas* e também da chamada *Escola Comportamental da Administração*, a administração clássica foi reinventada e assumiu diversas inovações de gestão que passaram a configurar o modo de gestão denominado *administração neoclássica*. Foi nessa fase que a área de comportamento organizacional começou a se desenvolver fortemente.

Mais tarde, por volta dos anos de 1970, o modelo de administração neoclássica começou a encontrar obstáculos para funcionar. Visando a conseguir se adaptar em um mundo de crescente instabilidade, foi buscar novas alternativas e desenvolver um novo modo de gestão que ficou conhecido como *gestão flexível*, muito bem representado pelo sistema toyotista de gestão. Esse modelo, que prevalece ainda hoje, privilegia a flexibilidade e prepara as organizações para a mudança, assim como valoriza colaboradores também flexíveis, multifuncionais, proativos, inventivos e inovadores, enfim, intraempreendedores.

Perceba, leitor, que apresentamos cinco modos de gestão ou grandes teorias administrativas que se desenvolveram ao longo do tempo: a administração clássica, a Escola das Relações Humanas, a Escola Comportamental, a administração neoclássica e a gestão flexível, que se consolida na era da informação. Vamos examinar melhor cada um? Na próxima seção, vamos identificar as condições socioeconômicas presentes no surgimento de cada modo de gestão, suas principais características e seus objetivos e os fatores que levaram à sua readaptação em face de um contexto diferente ou à sua substituição pelos novos modelos.

Com esse conjunto de informações, você terá condições de compreender de que forma o comportamento organizacional surge como importante área de produção de conhecimento e desenvolvimento de tecnologias de gestão para ajudar a administração a seguir garantindo o cumprimento dos objetivos organizacionais. Além disso, poderá compreender como e por quais motivos o intraempreendedorismo se tornou um comportamento altamente valorizado atualmente pelas empresas.

1.1 Breve história da Teoria Geral da Administração: linha do tempo

Observe a Figura 1.1, apresentada a seguir, a qual representa uma linha do tempo em que apresentamos os principais modos de gestão e teorias administrativas mencionadas anteriormente.

Figura 1.1 – Linha do tempo da Teoria Geral da Administração

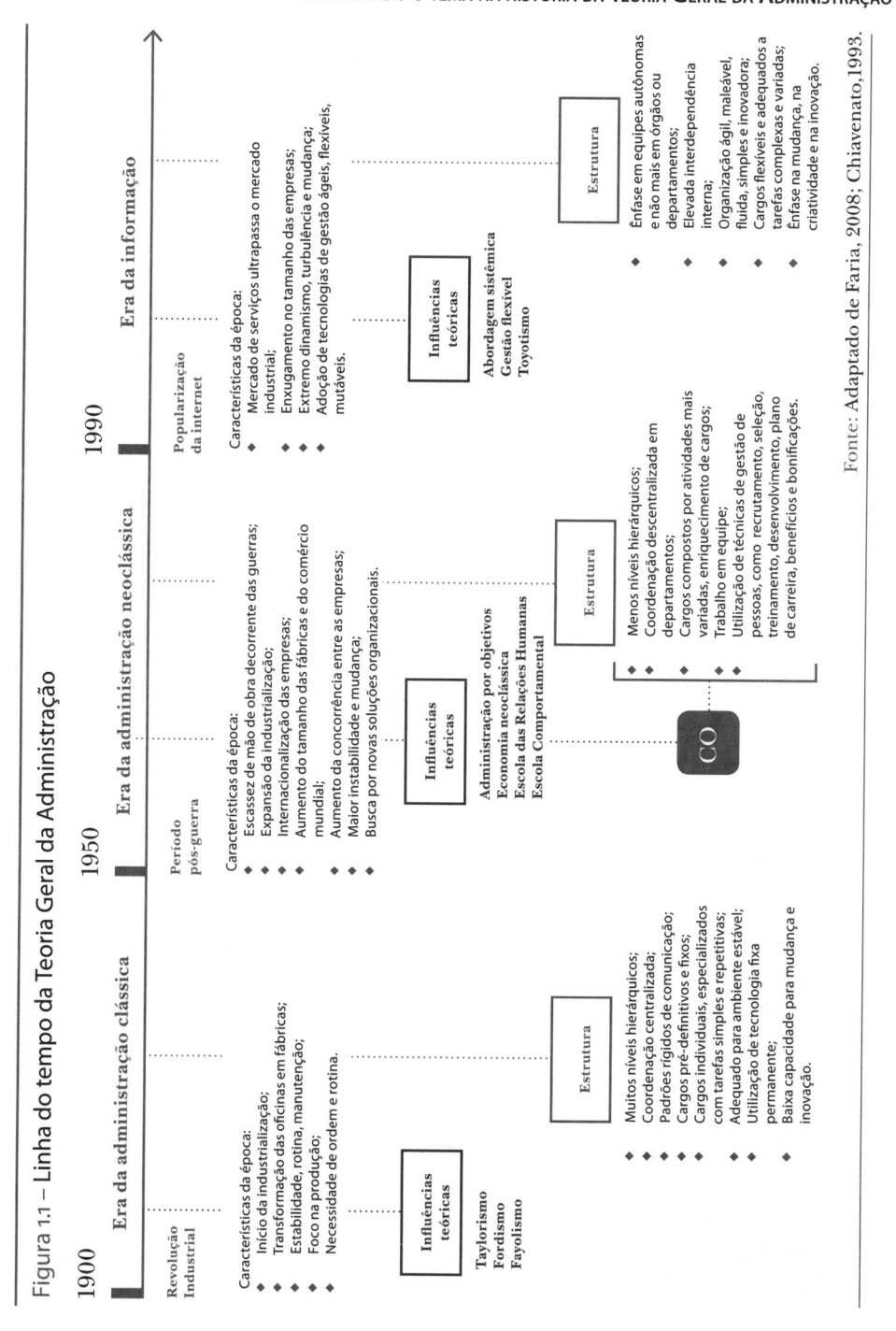

1900 — Era da administração clássica

Revolução Industrial

Características da época:
- Início da industrialização;
- Transformação das oficinas em fábricas;
- Estabilidade, rotina, manutenção;
- Foco na produção;
- Necessidade de ordem e rotina.

Influências teóricas
- Taylorismo
- Fordismo
- Fayolismo

Estrutura
- Muitos níveis hierárquicos;
- Coordenação centralizada;
- Padrões rígidos de comunicação;
- Cargos pré-definitivos e fixos;
- Cargos individuais, especializados com tarefas simples e repetitivas;
- Adequado para ambiente estável;
- Utilização de tecnologia fixa permanente;
- Baixa capacidade para mudança e inovação.

1950 — Era da administração neoclássica

Período pós-guerra

Características da época:
- Escassez de mão de obra decorrente das guerras;
- Expansão da industrialização;
- Internacionalização das empresas;
- Aumento do tamanho das fábricas e do comércio mundial;
- Aumento da concorrência entre as empresas;
- Maior instabilidade e mudança;
- Busca por novas soluções organizacionais.

Influências teóricas
- Administração por objetivos
- Economia neoclássica
- Escola das Relações Humanas
- Escola Comportamental

CO

Estrutura
- Menos níveis hierárquicos;
- Coordenação descentralizada em departamentos;
- Cargos compostos por atividades mais variadas, enriquecimento de cargos;
- Trabalho em equipe;
- Utilização de técnicas de gestão de pessoas, como recrutamento, seleção, treinamento, desenvolvimento, plano de carreira, benefícios e bonificações.

1990 — Era da informação

Popularização da internet

Características da época:
- Mercado de serviços ultrapassa o mercado industrial;
- Enxugamento no tamanho das empresas;
- Extremo dinamismo, turbulência e mudança;
- Adoção de tecnologias de gestão ágeis, flexíveis, mutáveis.

Influências teóricas
- Abordagem sistêmica
- Gestão flexível
- Toyotismo

Estrutura
- Ênfase em equipes autônomas e não mais em órgãos ou departamentos;
- Elevada interdependência interna;
- Organização ágil, maleável, fluida, simples e inovadora;
- Cargos flexíveis e adequados a tarefas complexas e variadas;
- Ênfase na mudança, na criatividade e na inovação.

Fonte: Adaptado de Faria, 2008; Chiavenato, 1993.

1.1.1 Era da administração clássica

Os primeiros modelos de gestão caracterizaram um período que ficou conhecido como *era da administração clássica*, estabelecida no início do processo de industrialização, quando as oficinas começaram a ser transformadas em fábricas. Como ainda não existiam muitas empresas produzindo produtos iguais, não havia também muita concorrência, por isso dizemos que o ambiente de atuação delas era estável e com pouca mudança. O mercado consumidor carecia de produtos e, portanto, o que se produzisse era vendido com relativa facilidade.

Dada essa situação contextual, as organizações focavam os esforços na produção de bens duráveis. Quanto mais produzissem, mais venderiam e, consequentemente, mais lucrariam. A estratégia principal era o crescimento da produtividade, isto é, aumentar o volume de produção com a utilização da menor quantidade de recursos possível.

Nesse intuito, as empresas investiram em desenvolvimento tecnológico para tornar as fábricas mais produtivas: implementaram maquinaria na produção sempre que possível e passaram a buscar formas de organizar a produção de modo a torná-la mais econômica, mais rápida e eficiente.

São características desse período as seguintes teorias que muito influenciaram a administração de empresas: o trabalho de Frederick W. Taylor, pioneiro da administração científica do trabalho, que teve também entre os fundadores Carl Barth, Frank e Lillian Gilbreth, entre outros; o fordismo, em que Henry Ford aplicou os conceitos tayloristas à produção em suas fábricas de automóveis e os desenvolveu, criando, por exemplo, a esteira móvel na linha de montagem; e o fayolismo – teoria desenvolvida por Henri Fayol –, que focou principalmente a estrutura administrativa da organização e estabeleceu princípios sobre o papel do administrador que perduram até hoje (Faria, 2008; Maximiano, 2000; Chiavenato, 1993).

Frederick W. Taylor (1856-1915) era engenheiro mecânico, criou um conjunto de métodos e princípios para a organização da produção industrial e os descreveu no livro intitulado *Os princípios da administração*, de 1911. Os principais argumentos eram a favor da racionalização do trabalho, da economia de mão de obra, do aumento da produtividade e do corte de gastos desnecessários em qualquer aspecto possível, desde energia e espaço até o comportamentos dos trabalhadores.

O trabalho de Taylor foi pioneiro na administração. Ele introduziu o que ficou conhecido como *administração científica*, ou *organização científica do trabalho*. O engenheiro procurava aplicar noções de metodologia científica – como objetividade, mensurabilidade e controle – à forma como o trabalho deveria ser organizado nas empresas, visando a aumentar sua produção.

O principal método da administração científica foi o *estudo dos tempos e movimentos*, que consistia em analisar o processo de produção de um produto e ver em que atividades ele podia ser decomposto, em quantos movimentos cada uma dessas atividades podia ser decomposta e qual o tempo mínimo de execução de cada um desses movimentos. O objetivo era organizar o processo de produção do início até a finalização do produto, a fim de que houvesse a menor quantidade de atividades possível e de que cada uma fosse feita com o mínimo de movimentos de forma que o processo de produção se desse de modo mais rápido, evitando-se o emprego desnecessário de atividades, movimentos e tempo.

Até então, nas oficinas, um artesão cumpria todas as etapas do processo de produção. No novo cenário, nas fábricas, grande número de trabalhadores cumpria essa mesma função e, para Taylor, a maneira mais rápida e eficiente de se produzir algo era dividindo essas atividades entre eles, de forma que cada um ficasse responsável por uma etapa do processo. O pressuposto do engenheiro era que, focando uma única atividade (ou até mesmo um único movimento), cada trabalhador a desempenharia mais rápido e com mais qualidade; assim, com cada um se especializando em seu posto de trabalho, o resultado geral seria um processo mais rápido e produtivo. Tornaram-se pressupostos do modelo taylorista de gestão, portanto, a divisão do processo de trabalho em atividades, a atribuição delas ao longo de uma linha de montagem e a especialização dos trabalhadores em uma única (ou poucas) atividade específica.

Ainda na lógica de aumento da eficiência produtiva, o modelo taylorista passou a investir na seleção e no treinamento dos trabalhadores, privilegiando características relacionadas à força física para a tarefa da produção bem como no treinamento pontual, rápido e específico na atividade que iriam realizar na empresa. É marcante nesse modelo de gestão a separação entre planejamento e execução do trabalho. Este é todo pensado pelo administrador (ou administradores) da empresa, que planeja nos mínimos detalhes as atividades e até mesmo os movimentos e o ritmo que cada trabalhador deverá executar; ao executor da tarefa basta realizá-la, pois já está preestabelecida, na mesma ordem, velocidade e modo que lhe foram ensinados quando ingressou na corporação.

A visão de ser humano que prevalece nesse estilo de gestão é a do ser utilitário, isto é, que trabalha em troca de algo. Desse modo, na era da administração clássica, as tecnologias de gestão focavam principalmente recompensas financeiras pelo trabalho prestado. O pagamento era feito, principalmente, em relação ao número de horas trabalhadas ou por número de peças produzidas.

Henry Ford (1863-1947) foi um empreendedor norte-americano que aos 40 anos, em 1903, fundou a Ford Motor Company. Com o intuito de produzir automóveis mais baratos que os das empresas até então existentes, dada a estratégia de popularizar esse bem de consumo, ele aplicou em suas fábricas os métodos e princípios da administração científica, tal como descritos anteriormente. Uma das principais inovações do fordismo foi a utilização de esteiras móveis em linha de montagem, introduzindo o posto de trabalho: cada trabalhador deveria permanecer em determinado local realizando uma tarefa específica, enquanto a peça, no caso o automóvel, se deslocava pelo interior da fábrica. Entende-se que essa mudança passou a ditar todo o ritmo de trabalho que deveria ser seguido pelos operários dentro da organização. Cada um se especializava em apenas uma etapa do processo produtivo e repetia as mesmas atividades simples e limitadas durante toda a jornada de trabalho.

Por sua vez, **Jules Henri Fayol** (1841-1925) foi um engenheiro de minas francês que, em 1916, publicou um livro intitulado *Administração industrial e geral*. Ao mesmo tempo que Taylor e Ford desenvolviam seus modelos de gestão na América, Fayol trabalhava na Europa, propondo ideias semelhantes, embora focasse sua teoria mais na estrutura administrativa da organização e no papel que o administrador deveria assumir na gestão. Entre as principais inovações promovidas pelo fayolismo, podemos destacar a ênfase na estrutura organizacional, buscando-se não apenas a máxima eficiência na produção, mas também na gestão da organização. Assim, ele se concentrou tanto na parte operacional quanto na parte gerencial da organização.

Fayol definiu que a melhor maneira de estruturar uma organização era dividindo-a em funções que considerava essenciais: técnicas, que são as relacionadas à produção; comerciais, que dizem respeito às compras e às vendas; financeiras, associadas à captação e gerenciamento de capitais; de segurança, que têm a ver com a proteção do patrimônio e das pessoas; contábeis, ligadas à realização de inventários e balanços, entre outros; e, por fim, administrativas, que seriam para o autor as principais, pois deveriam integrar todas as demais.

Fayol foi além e também delimitou o que afirmava serem as cinco principais funções do administrador: planejar, organizar, comandar, coordenar e controlar o trabalho na organização. Com esses princípios, influenciou fortemente a teoria e a prática da administração de empresas até os dias atuais. Determinando que essas funções eram responsabilidade do gestor, mais uma vez reforçou a ideia muito aceita durante a era da administração clássica: a divisão entre aqueles que devem planejar o trabalho e os que devem simplesmente executá-lo.

As influências dessas teorias e modos de gestão fizeram com que, na era da administração clássica, a maioria das organizações assumisse um tipo de estrutura caracterizada pelo grande número de níveis hierárquicos, pela centralização do comando e das comunicações, pela adoção de fluxos de comunicação somente verticais e de cima para baixo, ou seja, ordens de comando que partem da alta cúpula e são repassadas até os níveis mais inferiores no organograma, sem espaço para que conhecimentos ou informações vindos de ocupantes de cargos inferiores sejam considerados.

Além disso, outra característica da estrutura organizacional prevalecente na época eram os cargos rígidos, simplificados e imutáveis, caracterizados por um rol de pouquíssimas atividades, reduzidas até mesmo a um conjunto de movimentos, que deveria ser repetido de longo de dias, semanas e meses e que, por ser completamente planejado e predeterminado, utilizava somente a força física de seu ocupante, desconsiderando-se a capacidade intelectual e subjetiva dele.

Devemos observar que esses cargos eram extremamente tediosos, desinteressantes e potencialmente adoecedores e enlouquecedores para seus ocupantes. A repetição e a monotonia decorrentes da divisão e especialização das atividades, características da era da administração clássica, podem acarretar tédio e consequente desinteresse pelo trabalho. Sobre isso, Carmo (1992, p. 43) escreve:

> com a apropriação do saber operário, ele [o modo de gestão] cria a sujeição do trabalhador aos ditames do planejador, já não competindo àquele discutir os méritos das ordens por este emitidas. Organizar, agora, é controlar e vigiar até mesmo os mínimos detalhes da execução da tarefa, determinando o que e como fazer em um curto espaço de tempo.

Esses modelos de gestão geram desdobramentos como insatisfação e alto índice de rotatividade e recebem críticas pois, nas palavras de Carmo (1992, p. 47), "não conseguiram prender o trabalhador à empresa nem evitaram apatia e as faltas ao trabalho". Em consequência dessas críticas, houve uma mudança de foco da gestão, que passou a incluir o saber sobre o operário e o envolvimento da subjetividade dele como tentativa de evitar uma crise da produção (Carmo, 1992).

Exercício resolvido

Demonstre, por meio de um exemplo, como funciona a decomposição de um processo em atividades, desta em ações e das ações em movimentos.

Vamos tomar como exemplo o cargo de professor. Supondo que uma das principais tarefas dele é ministrar aulas, podemos dividi-la em ações específicas, tais como:

- preparar os conteúdos e materiais de cada aula;
- ministrar as aulas;
- aplicar avaliações;
- corrigir as avaliações;
- fazer o lançamento e divulgação das notas nos sistemas administrativos.

Observe que para cada função o professor precisa realizar uma série de tarefas e que cada uma destas pode ser ainda subdividida em atividades, certo? Podemos identificar nesse exemplo que a função principal é ministrar aulas. Uma das tarefas é preparar os conteúdos e materiais de cada aula. Ainda podemos relacionar uma série de ações, entre as quais:

- procurar em referências bibliográficas os conteúdos a serem trabalhados com os alunos;
- resumir os conteúdos;
- construir material de apresentação.

Há até movimentos específicos envolvidos nessa atividade, como:

- ir até a biblioteca;
- dirigir-se até o sistema de busca;
- procurar os livros no sistema;
- ir até a prateleira indicada;
- pegar os livros;
- fazer a leitura do sumário;
- identificar em que parte do livro está o conteúdo desejado;
- ler o conteúdo;
- produzir um resumo escrito do conteúdo;
- dirigir-se até o computador;
- abrir o programa Microsoft Office Powerpoint;
- criar nova apresentação.

Acreditamos que você tenha entendido o espírito do exemplo... A lógica é que cada atividade pode ser desdobrada, isto é, pensada, planejada, desde uma maneira mais genérica até outra muito específica, que determina em detalhes o passo a passo a ser observado pelo ocupante do cargo. Na administração clássica, prevalecia o tipo de cargo em que tudo era determinado nos mínimos movimentos para quem o ocupasse, de modo que não sobrava muito (ou nenhum) espaço para que ele utilizasse o próprio conhecimento, criatividade e experiência ou emitisse opinião.

Verificamos que, nos modelos de gestão posteriores que marcam a chamada *era da administração neoclássica*, isso já começa a mudar. Embora se mantenha a descrição das tarefas para os cargos criados (ou seja, que ainda se predetermine o que cada ocupante deverá desempenhar), estas passam a ser determinadas de maneira mais genérica, mais ampla. Desse modo, há mais espaço para que o colaborador decida por si mesmo algumas questões relacionadas a seu trabalho, por exemplo, como vai realizar cada atividade, em que momento, com quais ferramentas; abrem-se, enfim, oportunidades para que ele aplique o próprio conhecimento, experiência e criatividade em seu dia a dia profissional.

1.1.2 Era da administração neoclássica

Antes de tratarmos das características da época que ficou conhecida como *era da administração neoclássica*, destacamos aqui que a discussão apresentada nesta seção foi inspirada na relevante análise feita por Faria (2008) no segundo volume do livro *Economia política do poder*, em que aborda de forma crítica a Teoria Geral da Administração. Além disso, convidamos você a rever a Figura 1.1 e a realizar a leitura das informações contidas na coluna central, correspondente à área demarcada na linha do tempo entre os anos de 1950 e 1990, que se inicia no pós-guerra (logo após as duas guerras mundiais).

Marglin e Schor (2000) afirmam que esse período foi caracterizado por grande prosperidade econômica. Conforme os autores, os Estados Unidos emergiram da Segunda Guerra Mundial muito mais ricos que eram anteriormente – em 1950 o Produto Interno Bruto (PIB) era mais alto que o de qualquer outro país no mundo. Em contrapartida, grande parte da Europa e do Japão estava destruída e empobrecida em decorrência dos conflitos e demandava reconstrução.

Uma série de medidas políticas, institucionais e econômicas foram tomadas pelos governos das nações vitoriosas no pós-guerra, as quais acabaram por acarretar um período de grande expansão econômica em vários países, com taxas de crescimento altíssimas e pleno emprego da população (Marglin; Schor, 2000). O Plano Marshall, por exemplo, estabelecido pelos Estados Unidos, tinha como propósito emprestar dinheiro para os países aliados da Europa se reconstruírem nos anos após a Segunda Guerra Mundial. Em 1948, esse programa injetou mais de 12 milhões de dólares na recuperação e modernização da Europa Ocidental (Marglin; Schor, 2000).

Os países em reconstrução, e agora com dinheiro emprestado pela nação norte-americana, mostraram-se como mercado consumidor com grande demanda por matérias-primas e bens duráveis e de consumo.

O mercado americano, altamente aquecido na época pós-guerra, por sua vez, começava a dar sinais de saturação, e as empresas estadunidenses passaram a procurar nos países em reconstrução o escoamento da produção. Nesse período, as exportações se intensificaram, e teve início o processo de internacionalização de várias empresas, uma vez que instalar unidades próximas do mercado consumidor parecia fazer mais sentido que assumir os custos logísticos de exportar uma produção realizada em outro continente.

O aquecimento econômico americano, aliado à internacionalização das empresas, levou ao surgimento do que hoje conhecemos como grandes conglomerados empresariais. Empresas industriais se tornaram gigantescas corporações, com unidades administrativas e de produção espalhadas por várias cidades, em diversos países e, até mesmo, em diferentes continentes.

O modelo centralizado de comando que prevalecia na era da administração clássica não estava mais dando conta da realidade. A administração precisava se reinventar e passou a adotar a descentralização departamental, ou seja, a separação das empresas em departamentos; com isso, o número de pessoas trabalhando na parte administrativa das organizações também aumentou.

Outra limitação que o modelo clássico de gestão encontrou foi o fato de que o pleno emprego diminuiu a possibilidade de substituição da força de trabalho. Vamos entender melhor essa questão? Esse modelo não precisava preocupar-se com a satisfação de seus colaboradores dada a abundância de mão de obra disponível. Se a administração científica do trabalho utilizava cargos simplificados, repetitivos e que, portanto, eram entediantes e até mesmo enlouquecedores, isso não gerava um problema econômico para a gestão, pois, caso um operário se queixasse ou exigisse condições diferentes de trabalho, ele poderia ser facilmente demitido e substituído.

Por que essa substituição era tão fácil? Porque sobravam pessoas em busca de ocupação, e o trabalho, justamente por ser simplificado, era facilmente ensinado por meio de treinamentos rápidos e pontuais ao novo ocupante. Assim, além de ser fácil encontrar interessados, não era necessário que tivessem qualquer conhecimento, formação ou experiência específica prévia, pois seriam treinados pela própria empresa para a execução das atividades simplificadas e repetitivas.

Uma terceira limitação encontrada pelo modelo clássico de gestão foi a saturação dos mercados consumidores. Com foco principal na eficiência produtiva, isto é, no aumento da produtividade operacional e do volume de produção, a estratégia deixou de ser eficaz, visto que agora não bastava produzir muitos produtos para se obter lucro, pois produzi-los não era garantia de que se conseguiria vendê-los.

Assim, as mudanças no contexto econômico e social exigiram das empresas o desenvolvimento de novas estratégias de conquista e fidelização de clientes, ou seja, cada uma delas passou a ter de convencer o consumidor a comprar o seu produto, e não o dos concorrentes. Aliás, o aumento da concorrência levou ao desenvolvimento de estratégias de diferenciação de produto, isto é, ao investimento em inovações nas características específicas dos produtos, em qualidade superior, em imagem da marca, enfim, em algo que os diferenciasse dos demais, que significasse **vantagem competitiva** de uma empresa em relação às outras.

A busca das corporações por vantagens competitivas levou a um ambiente em que processos produtivos, produtos, serviços e marcas, entre outros, passaram a ser constantemente reinventados, seja pela vocação inovadora da empresa, seja pela obrigação de acompanhar as alterações promovidas pela concorrência. Com isso, a mudança passou a ser uma constante para as organizações, e mudar constantemente se tornou condição de sobrevivência delas. **Inovação, flexibilidade e capacidade de adaptação** viraram atributos cada vez mais valorizados.

O novo contexto de atuação das empresas no pós-guerra se caracterizou, portanto, pela necessidade de atrair e reter **mão de obra qualificada**. Como as mudanças constantes dificultaram o planejamento antecipado de todas as atividades de todos os colaboradores, foi preciso contratar pessoas que já tivessem conhecimento e experiência a relacionados às tarefas que iriam realizar, de modo que pudessem assumir autonomamente a decisão sobre o próprio trabalho, sem a necessidade de gestores que planejassem antecipadamente e dissessem, atividade por atividade, o que deveria ser feito. Além disso, dada a concorrência, passou a ser vantajoso em termos competitivos atrair os melhores funcionários, mais qualificados e competentes, pois certamente seriam mais produtivos, fariam um trabalho de melhor qualidade e estariam capacitados a propor soluções melhores e mais eficazes que as da concorrência, o que representaria fator de vantagem competitiva para a empresa.

Está claro que os pressupostos da administração científica e da administração clássica precisavam ser reinventados para dar conta dessas mudanças no contexto de atuação das empresas, certo?

Nessa época surgiram diversas teorias administrativas voltadas para o objetivo de reinventar a administração clássica, as quais ficaram conhecidas como *administração neoclássica*, ou seja, uma nova forma de administrar inspirada nos modelos clássicos. Merecem ser citadas teorias como a administração por objetivos (de Peter Drucker) e a administração estratégica (de Michael Porter). No entanto, como nosso interesse é compreender como o comportamento organizacional e o intraempreendedorismo participam dessa história, vamos focar apenas as teorias que afetaram mais diretamente a forma como as organizações passaram a gerir seus colaboradores.

A administração se voltou para outras disciplinas e áreas para buscar soluções e encontrou na psicologia uma grande aliada. São marcantes as contribuições do que ficou conhecido como **Escola das Relações Humanas** e **Escola Comportamental da Administração** nesse período. Ambas reúnem conjuntos de várias teorias que refletiram sobre assuntos relacionados aos aspectos subjetivos e comportamentais dos seres humanos no trabalho. São característicos de seus estudos temas como o comportamento humano no trabalho e os aspectos da subjetividade, da personalidade e das relações que fazem com que os indivíduos se esforcem no trabalho e se comprometam com suas responsabilidades e com as organizações em que atuam.

Um marco inicial desse tipo de pesquisa e que merece destaque foi o trabalho realizado em 1924 por **Elton Mayo**, na fábrica Western Electric Company, que ficava na cidade de Hawthorne (Faria, 2008). Em seu experimento, que ficou conhecido como *Experimento de Hawthorne*, Mayo busca identificar formas de aumentar a produtividade em uma linha de produção. Seguindo os métodos científicos disseminados na época, ele separou um grupo de trabalhadores da linha de produção e passou a fazer alterações na luminosidade para verificar se ambientes mais claros ou mais escuros eram capazes de influenciar a produtividade. Imediatamente após o primeiro aumento de luminosidade, verificou-se um aumento da produtividade, porém, ao se diminuir novamente a luminosidade, nada mudou. Os resultados contraintuitivos levaram Mayo e os demais pesquisadores a questionar se a mudança na produtividade teria sido causada por outro fator alterado para aquele grupo que não a luminosidade. Mas que fator seria esse?

Constatou-se posteriormente que o que determinou o aumento da produtividade do grupo que havia sido separado para participar do experimento foi o fato de os trabalhadores perceberem que estavam sendo observados; eles se sentiram importantes, ou diferenciados, por terem sido escolhidos para fazer parte da pesquisa. Foi um dos primeiros estudos a indicarem que, além das condições físicas de organização do trabalho, também fatores subjetivos presentes nos trabalhadores eram capazes de influenciar a produtividade deles. Essa descoberta inaugurou todo um campo de pesquisa em psicologia organizacional e na administração.

Você deve estar se perguntando: Como essa descoberta influenciou a teoria e a prática administrativa? A partir dessa descoberta, a administração começou a perceber os benefícios econômicos, em termos de aumento de produtividade, que se poderia obter ao se considerarem aspectos da subjetividade dos trabalhadores (suas emoções, atitudes e motivações) e passou a envolvê-los no planejamento, na organização, na direção e no controle do próprio trabalho, além de reconhecer e utilizar a força produtiva da sinergia decorrente do trabalho em equipe. Surgiu uma inovação na administração: a produtividade associada a valores como aceitação, sentimento de pertença, espírito de equipe, identificação com a empresa, atitude de vestir a camisa dela, enfim, a ideia da organização como grande família que reconhece e acolhe os colaboradores fiéis.

Boa parte dos conteúdos que compõem a área de comportamento organizacional – e que vamos examinar nos próximos capítulos – começou a ser desenvolvida nesse período. Pesquisas sobre comportamento, personalidade, tomada de decisão, motivação, comprometimento e, ainda sobre assuntos como dinâmica de grupo, liderança e comunicação passaram a ser extremamente disseminadas e adotadas nas teorias e práticas administrativas.

A área de comportamento organizacional é inaugurada como aquela que estuda e aplica nas organizações os impactos que os indivíduos e os grupos podem ter na eficiência e na eficácia organizacional. Em outras palavras, analisa o que as pessoas fazem quando integram uma organização e de que forma a maneira como se comportam impacta a *performance* dela.

Perguntas & respostas

O que é comportamento organizacional?

É a área que estuda o comportamento dos indivíduos e dos grupos nas organizações com o fim de conseguir prever e dirigir as ações deles de modo a atingir os objetivos organizacionais e tornar essas instituições mais eficientes e produtivas.

É comum encontrarmos descrições da área de comportamento organizacional (bem ao modelo da teoria comportamental, que segue o modelo científico positivista e funcionalista) que definem as variáveis independentes (fatores que causam algo) e dependentes (fatores que são causados) para explicar seu objeto de estudo e intervenção. Robbins (2005), por exemplo, em seu muito famoso manual intitulado *Comportamento organizacional*, aponta que a área tem como variáveis dependentes a produtividade, o absenteísmo, a rotatividade e o nível de satisfação dos trabalhadores. Isso significa que são estes os aspectos nos quais as empresas desejam obter mudanças.

Perguntas & respostas

O que é produtividade?

É a relação entre a produção e os fatores de produção utilizados, isto é, a quantidade de produtos produzidos dividida pelo valor total do custo de produção, incluindo-se aqui o que é gasto com pessoas, máquinas e materiais, entre outros. Quanto maior for a quantidade produzida em relação ao custo de produção, maior será a produtividade.

O que é absenteísmo?

É o nível de faltas ao trabalho em uma organização. Inclui tanto as faltas justificadas (como ausências decorrentes de adoecimento, comprovadas com atestado médico) como as não justificadas.

O que é rotatividade?

É a relação entre o número de admissões e demissões em uma organização, também conhecida como *turnover*. Trata-se da velocidade com qual os colaboradores antigos são substituídos por novos.

Como variáveis independentes, Robbins (2005) lista os aspectos subjetivos, que se dão no nível do indivíduo (personalidade, percepção, valores, atitudes e motivação, entre outros), e os interpessoais, que se dão no nível do grupo (dinâmica de grupo, relações de poder, política e comunicação no grupo, liderança etc.). O autor entende que estes são os fatores capazes de influenciar a forma como as pessoas se comportam na organização e, portanto, de afetar o absenteísmo, a rotatividade, a produtividade e a satisfação delas com a empresa.

A Figura 1.2 resume essas percepções de Robbins (2005).

Figura 1.2 – **Objeto e objetivos do comportamento organizacional**

Comportamento organizacional – CO	
Variáveis independentes	**Variáveis dependentes**
◆ Aspectos subjetivos, que se dão no nível do indivíduo (personalidade, percepção, valores, atitudes, motivação e outros) ◆ Aspectos interpessoais, que se dão no nível do grupo (dinâmica de grupo, relações de poder, política e comunicação no grupo, liderança e outros)	◆ Absenteísmo ◆ Rotatividade ◆ Produtividade ◆ Satisfação dos colaboradores com a empresa

Fonte: Adaptado de Robbins, 2005.

Os conhecimentos produzidos sobre comportamento organizacional passaram a ser aplicados nas tecnologias de gestão (principalmente as relacionadas à gestão de pessoas) na era da administração neoclássica e deram origem ao que hoje se constitui em processos de gestão muito comuns nas empresas, tais como os apresentados por Chiavenato (2008) e descritos no Quadro 1.1.

Quadro 1.1 – Processos de gestão de pessoas

Recrutamento e seleção	Visam encontrar e selecionar colaboradores com o perfil mais adequado às necessidades de atividades e valores da organização; para isso, esta passa a utilizar desde testes psicológicos, testes de aptidão e testes de personalidade até dinâmicas de grupo, técnicas de simulação e entrevistas entre outros instrumentos.
Desenho e descrição de cargos	Visam ao desenvolvimento de conjuntos de atividades e responsabilidades que sejam interessantes para o colaborador. Surge o conceito de enriquecimento de cargo, que consiste em planejar cargos que abranjam um conjunto de atividades que sejam variadas, utilizem as competências do ocupante de forma abrangente e permitam que ele se identifique e veja significado no trabalho que desenvolve, bem como tenha o máximo de autonomia possível e receba *feedback*, isto é, obtenha informações sobre como está o desempenho em seu trabalho.
Treinamento e desenvolvimento dos colaboradores	Passam a ser valorizados e recebem grandes investimentos das organizações. Mais que treinar para as atividades específicas do cargo, as empresas passam a destinar recursos para a educação e o desenvolvimento de longo prazo dos colaboradores, de modo a ter um público interno capaz de ter autonomia e promover inovação e a prepará-lo para assumir futuras posições na hierarquia.
Planos de cargos e salários e planos de carreira	A gestão passa a compreender que, se quiser colaboradores comprometidos e motivados, é necessário que eles possam planejar um futuro na empresa e, para tal, é preciso que tenham como crescer e ter maiores ganhos. Com isso, são desenvolvidos os planos de cargos e salários, as hierarquias são estabelecidas de maneira mais clara em organogramas, e os passos requeridos para assumir cargos mais altos dentro da empresa passam a ser esclarecidos para que os funcionários se empenhem no desenvolvimento de suas potencialidades e no atingimento de resultados organizacionais, com vistas à promoção.

(continua)

(Quadro 1.1 – conclusão)

Formas de remuneração diferenciadas	Além da remuneração tradicional, do salário fixo por horas trabalhadas, passam a merecer atenção por parte da gestão das empresas a remuneração flexível, as bonificações por produtividade, os benefícios, as formas de participação nos lucros, também como maneira de motivar os colaboradores para se esforçarem mais e obterem resultados melhores.
Processos de qualidade de vida no trabalho	As empresas passam a investir em fatores que se relacionam à satisfação dos colaboradores, e são realizadas melhorias tanto nas condições físicas de trabalho – ambientes mais limpos, higiênicos, seguros, ergonomicamente corretos etc. – quanto em aspectos relativos à organização do trabalho, como as possibilidades de trabalho em horários flexíveis ou diferenciados e atividades em equipes em oposição ao modelo tradicional, em que se trabalha individualmente.

Fonte: Adaptado de Chiavenato, 2008.

Por tudo isso, a estrutura organizacional mais característica na era da administração neoclássica passou a ser mais descentralizada que a da era clássica; houve o desdobramento da empresa em grande número de departamentos, em que cada um centraliza as decisões a respeito da área de *expertise*. Além disso, diminuiu o número de níveis hierárquicos, o que fez com que as comunicações, antes somente verticais e de cima pra baixo, passassem a fluir em ambas as direções – de um lado, a cadeia de comando foi mantida e as ordens vindas de cargos superiores continuaram a ser repassadas para os inferiores na hierarquia; de outro, passou-se a procurar escutar o que os ocupantes de cargos que estavam na base da empresa tinham a dizer, de modo a utilizar o conhecimento e a experiência deles para propor melhorias na empresa.

Soma-se a isso, relativamente aos cargos, que na era da administração clássica eram extremamente simplificados e fixos, e passaram a ser mais abrangentes e flexíveis. Isso se explica pelo fato de que passaram a compreender um conjunto mais amplo de atividades, as quais o ocupante já deveria saber desempenhar conforme o próprio conhecimento e experiência de maneira muito mais autônoma que no passado.

Essa época de ouro do capitalismo começou a colapsar apenas a partir dos anos de 1970, em virtude, entre outros fatores, da crise do petróleo (1973), do *crash* da bolsa de valores nesse mesmo ano e do crescente comércio internacional de produtos industrializados, que saturou o mercado de produtos e aumentou grandemente a concorrência entre as empresas, o que deu início a um período de recessão que duraria muitos anos.

1.1.3 Era da informação

Vamos tratar agora do período que sucedeu à era da administração neoclássica e que ficou conhecido como *era da informação*, também chamada de *era do conhecimento*, *era digital* e *era tecnológica*, entre outros termos. Convidamos você a voltar mais uma vez à Figura 1.1 e a conferir as informações contidas na coluna que corresponde à área demarcada na linha do tempo após os anos de 1990.

Como vimos na seção anterior, a forma de administrar empresas com base no modelo de gestão neoclássico começou a encontrar limitações já nos anos de 1970. A década de 1980 foi particularmente marcada por avanços tecnológicos que geraram grande impacto no ambiente de atuação das organizações, tais como a invenção do microprocessador e da fibra ótica e a popularização da internet e dos computadores pessoais.

A indústria passou a utilizar tecnologia de base microeletrônica e automatizou ainda mais a produção. Foi necessário contratar e manter colaboradores capazes de interagir com essas novas ferramentas. Além disso, o acesso à internet e a informatização dos ambientes empresariais e residenciais fizeram com que o comércio, que já estava globalizado e concorrido dadas a internacionalização e as exportações características da era da administração neoclássica, ficasse ainda mais competitivo.

O desenvolvimento em tecnologia de comunicação e logística permite que pessoas de diferentes lugares no planeta comprem de inúmeras empresas, independentemente da localização destas. O consumidor, com mais opções e também com mais acesso a informações, torna-se mais exigente, pesquisa e escolhe adquirir o produto que cumpre as demandas para as quais foi fabricado.

O mesmo ocorre com o público interno das organizações, o qual agora tem mais informações sobre as empresas, e aqueles com maior poder de barganha – por terem melhor formação, experiência ou competência diferenciada – passam a procurar organizações que reconhecem como sendo os melhores lugares para se trabalhar.

Uma saída financeira encontrada pelas empresas ainda na era da administração neoclássica foi captar investimentos por meio de abertura de capital em bolsas de valores, permitindo que pessoas físicas e jurídicas adquirissem ações delas. Essa estratégia de captação de recursos também se popularizou ainda mais na era da informação, e agora é possível que do conforto do sofá de sua casa os investidores realizem a compra e a venda de ações via internet.

O mercado de ações, que já era volátil, mostra-se extremamente dependente do humor do mercado. Notícias de possível prejuízo das empresas são capazes de se tornarem profecias autorrealizadoras: se pessoas acreditam que as organizações podem ter prejuízo, começam a vender as ações; o aumento das ações ofertadas faz com que o preço delas diminua; outros acionistas, ao perceberam que as ações estão caindo de valor, decidem vendê-las; e isso faz com que as empresas diminuam ainda mais o preço delas. Esse efeito sistêmico leva muitos acionistas a decidir se livrar de suas ações ao mesmo tempo, fazendo com que, de fato, as empresas possam passar a valer quase nada da noite para o dia.

É nessa realidade que as empresas passam a atuar na era da informação: têm de concorrer por consumidores, por colaboradores e por investidores. Uma diferenciação que atribua vantagem competitiva sobre a concorrência passa a ser mais importante do que nunca para a sobrevivência das organizações. A inovação, atributo importante já na era da administração neoclássica, passa a ser fundamental. Não se trata de tarefa fácil, por isso elas buscam contratar e manter funcionários que as ajudem nessa tarefa de constante inovação e mudança: os **intraempreendedores**.

A era da informação inaugura um período no qual as organizações, para se tornarem mais ágeis e flexíveis, estabelecem algumas estratégias: procuram diminuir seu tamanho, ter uma estrutura mais enxuta, com ênfase em equipes autônomas e não mais em órgãos ou departamentos; buscam elevada interdependência interna para garantir que sejam ágeis, maleáveis, fluidas, simples e inovadoras; e estabelecem os cargos de modo a serem flexíveis e adequados a tarefas complexas e variadas. A ênfase passa a ser na **adaptabilidade**, na **mudança**, na **criatividade** e na **inovação**.

Verifica-se, portanto, a partir dos anos de 1990, um acirramento do que convencionamos chamar de *reestruturação produtiva*. Um cenário de ainda maior competitividade entre as empresas progressivamente se estabeleceu. Novas estratégias passaram a ser utilizadas, e a busca por mais inovações, maior variedade de mercadorias, alterações na qualidade de produtos, redução progressiva de custos, entre outros, levou a uma situação de ainda maior instabilidade no ambiente empresarial e econômico do que a que já se encontrava instalada (Navarro; Padilha, 2007). As saídas vislumbradas pelas corporações, via de regra, apontavam para a mesma direção: maior flexibilidade.

Novos modelos de gestão considerados menos rígidos começaram a ser desenvolvidos no esforço de flexibilizar a tecnologia para que suportasse sem prejuízos alterações qualitativas e de volume de produção decorrentes de flutuações de demanda ao sabor do mercado. Teve início também um processo de flexibilização da folha de pagamento, por meio do qual as empresas buscaram enxugar o quadro de funcionários ao mínimo suficiente para acompanhar essas flutuações, utilizando estratégias como terceirizações e contratos temporários.

A noção de qualificação dos trabalhadores também foi flexibilizada. Esse novo modelo de gestão passou a demandar colaboradores polivalentes e intraempreendedores, isto é, capazes de exercer várias funções simultaneamente, e, ainda, proativos, de forma a não precisarem mais que a gestão lhes diga a cada momento, de forma específica e antecipada, como exercer as atividades.

Entre os novos modelos de gestão mais flexíveis dos quais as organizações se apropriaram, destacamos o **toyotista**. Desenvolvido inicialmente no Japão, sob características específicas daquela realidade socioeconômica, passou a ser exportado e disseminado como um exemplo de gestão flexível. Estão entre as características desse modelo: a presença de mão de obra multifuncional e, para tanto, qualificada de forma polivalente; o sistema de produção flexível puxado pela demanda denominado *just-in-time*; o uso de controle visual do processo de trabalho por meio de fichas, conhecido como sistema *kanban*; a utilização de equipes de trabalho; incentivos à filosofia de melhoria contínua (*kaizen*), que se expressa pela busca de permanente aperfeiçoamento, cobrado de todos os trabalhadores; e os círculos de controle de qualidade (Faria, 2008).

Se, em um primeiro momento, a competição entre empresas levou a uma valorização do conhecimento e da subjetividade dos trabalhadores como forma de obter vantagem competitiva e, na era da administração neoclássica, encontrou na noção de qualificação formal dos trabalhadores a lógica de legitimação da hierarquização e do controle sobre eles, agora, na era da informação, o acirramento da concorrência, a volutilidade do mercado e a demanda por flexibilidade levaram ao aprimoramento da noção de **competências** como forma de continuar cumprindo essa função sob o enfoque da gestão flexível.

Mais do que ter a qualificação necessária para desempenhar funções correspondentes a cada cargo, o trabalhador, no modelo de gestão flexível, precisa colocar em prática seu conhecimento de forma proativa, criativa e inovadora, indo além daquilo que é preestabelecido pela gestão. Ele deve buscar oportunidades de melhoria contínua dos processos e produtos da organização. Isso significa que o intraempreendedorismo passa a ser extremamente valorizado; dito de outro modo, passa-se a demandar que todos os colaboradores sejam empreendedores internos na organização.

Perguntas & respostas

O que é intraempreendedorismo?

É o comportamento pelo qual o colaborador busca encontrar novas oportunidades de implementar melhorias nos processos, produtos ou serviços da organização. Para tal, ele deve ser inovador, criativo, flexível e ir além daquilo que lhe está predeterminado.

Em termos de gestão, portanto, não basta mais às empresas estabelecer o que cada cargo deve realizar e avaliar se o ocupante dele atingiu objetivos predeterminados. Elas precisam invocar forças proativas, criativas e inovadoras dos indivíduos e fazer com que estes escolham investir esforços no mesmo sentido dos interesses de desenvolvimento de lucro empresarial. Nesse sentido, verificamos que as políticas de administração de recursos humanos passam cada vez mais a adotar práticas para promover maior participação e envolvimento das pessoas com o trabalho e com a organização. Além disso, permitem relativa liberdade para o exercício constante da criatividade e autonomia, de forma a proporcionar inovação e melhorias aos processos empresariais.

Também as formas de avaliação de desempenho e de gestão de carreira se tornam mais flexíveis e individualizadas, buscando analisar além do desempenho esperado com base nas determinações de cargo, ou seja, procurando observar também as contribuições individuais, tanto atuais quanto potenciais, para resultados mais amplos, que ultrapassam as responsabilidades do cargo atual (Ulrich, 2003).

Um exemplo que bem representa um sistema de gestão de pessoas que adota políticas como as descritas e que visa incentivar o comportamento intraempreendedor dos colaboradores é o **modelo de gestão por competências**. Para Miranda Neto, Cruz Junior e Zago (2007), trata-se do desenvolvimento da forma de gerenciar pessoas que busca atender às demandas dos novos tempos por maior comprometimento, polivalência, flexibilidade e inovação. Jaramillo (2013) defende ideia semelhante ao afirmar que a gestão por competências, de forma parecida com os modelos anteriores, deposita sobre o sujeito a responsabilidade de inserir-se no mercado de trabalho, de entrar nas organizações, mas adiciona uma novidade: a necessidade de manter uma atitude de abertura, flexibilidade e proatividade para permanecer empregado.

Assim, temos que a noção de qualificação que seria necessária para a execução de um cargo evolui para aquela em que os indivíduos precisam desenvolver cada vez mais competências, pois estão competindo entre si pelo papel de maior contribuinte aos interesses organizacionais (Jaramillo, 2013). Uma característica importante dos tempos atuais tem sido, portanto, a valorização do **comportamento intraempreendedor**. Colaboradores proativos, multifuncionais, capazes de desempenhar um amplo leque de atividades e funções, comprometidos com a empresa, que vão além do que lhes é predeterminado e que apresentam soluções inovadoras para produtos, processos e serviços, passam a ser cada vez mais bem vistos e valorizados pelas organizações.

Síntese

Neste capítulo, identificamos de que forma o comportamento organizacional se firmou como uma área importante de pesquisa e de atuação para as empresas ao longo do desenvolvimento das teorias e práticas administrativas. Fizemos uma breve revisão teórica em que apresentamos uma linha do tempo da evolução das formas de administrar empresas, abordando principalmente três eras: a era da administração clássica, a era da administração neoclássica e a era da informação, a mais recente. Vimos como, ao longo desses desenvolvimento, a administração passou cada vez mais a ter de contar com a colaboração de seu público interno, isto é, os colaboradores, de modo a aproveitar os conhecimentos, a experiência, o empenho, o esforço e o comprometimento deles para produzir inovações que atribuam vantagem competitiva à organização.

Observamos finalmente que esse novo perfil demandado pelas empresas compõe o que chamamos de *comportamento intraempreendedor*. Ele consiste na característica do colaborador de ser um empreendedor interno, isto é, agir de forma proativa, criativa e inovadora, identificando-se como "dono do negócio", indo além do que lhe é predeterminado, buscando encontrar pontos passíveis de serem aperfeiçoados e implementando as melhorias de forma contínua, tanto em processos quanto em produtos e/ou serviços da organização, de modo a contrinuir para o aumento da eficiência e da eficácia organizacional.

Questões para revisão

1. Quais são as principais características de uma empresa gerenciada conforme os princípios das teorias clássicas da administração?

2. Quais são as principais características de uma empresa gerenciada segundo os princípios da administração neoclássica?

3. O principal método utilizado pela administração científica é:

    a) a organização científica do trabalho.
    b) o estudo dos tempos e movimentos.
    c) o fayolismo.
    d) os processos de *feedback*.
    e) o toyotismo.

4. Analise as afirmações a seguir, julgue cada uma como verdadeira ou falsa e, depois, assinale a alternativa correta:

   I) Chamamos de *produtividade* a relação entre a produção e os fatores de produção utilizados, isto é, a qualidade de produtos produzidos dividida pelo valor total do preço pelo qual ele é vendido.
   II) O nível de faltas ao trabalho em uma organização é chamado de *absenteísmo* ou *turnover*.
   III) A relação entre o número de admissões e demissões em uma organização é chamada de *rotatividade* e representa a velocidade com a qual colaboradores antigos são substituídos por novos.

   a) As afirmações I e II são verdadeiras e a III é falsa.
   b) As afirmações I e III são falsas e a II é verdadeira.
   c) As afirmações I e II são falsas e a III é verdadeira.
   d) A afirmação I é falsa e as afirmações II e III são verdadeiras.
   e) As afirmações I, II e III são falsas.

5. A importância do Experimento de Hawthorne, realizado por Elton Mayo, para a área de comportamento organizacional se deve ao(à):

   a) aumento de produtividade que obteve ao aumentar a luminosidade no ambiente de trabalho do grupo de controle.
   b) descoberta de que alterações no ambiente de trabalho são capazes de motivar os indivíduos para se esforçarem mais em seu trabalho.
   c) descoberta de que, além das condições físicas de organização do trabalho, também fatores subjetivos, sociais e psicológicos presentes nos trabalhadores eram capazes de influenciar a produtividade deles.
   d) descoberta de que somente benefícios econômicos estão relacionados a alterações na produtividade.
   e) descoberta de que os trabalhadores gostam de trabalhar em grupo e desenvolver vínculos de amizade e de que, mesmo que isso diminua a produtividade, é necessário promover o trabalho em equipe nas organizações.

Questões para reflexão

Uma apreciação crítica sobre a evolução das tecnologias de gestão ao longo das eras administrativas pode ser encontrada no texto a seguir.

> Com apoio no saber construído pelas ciências humanas, as organizações passam a atuar tentando integrar o trabalho e a organização, às necessidades sociais e psicológicas dos empregados, "obtendo dele total cooperação e esforço, o que aumentaria sua eficiência" (Carmo, 1992, p. 60), pois, a organização, fazendo acreditar que seus interesses são os mesmos que os dos trabalhadores nela inseridos, gera nestes uma motivação para participar da realização dos objetivos organizacionais.
>
> A organização pode também se utilizar das necessidades psicológicas dos indivíduos colocando-se como família, na qual pode satisfazer as necessidades de segurança, afeto, prestígio e autorrealização. Assim, o trabalhador participa da organização de forma dedicada, esforçada e satisfeita (Carmo, 1992).
>
> Para Faria e Meneghetti (2001), o estágio contemporâneo da racionalização do trabalho é representado pelo modo de gestão toyotista. O Toyotismo tem como característica principal o sequestro da subjetividade (Faria; Meneghetti, 2001), uma vez que se utiliza do controle comportamental e ideológico (Faria, 1997), por meio da identificação, pela valorização, pela colaboração solidária, envolvimento total (Faria; Meneghetti, 2001), entre outros.
>
> O Taylorismo e o Fordismo são exemplos de práticas que se baseiam no controle do ato, do comportamento, com o intuito de maximizar a produção, sem se preocupar com o lado humano e a subjetividade dos trabalhadores. O saber humanista das ciências sociais (Foucault, 1981) e das ciências humanas (Carmo, 1992) traz essa preocupação. Assim, percebe-se no Toyotismo o desenvolvimento de práticas que pressupõem o sequestro da subjetividade (Faria; Meneghetti, 2001) do trabalhador. Essas práticas possibilitam atuar no sentido de suprir as necessidades psicológicas e sociais dos indivíduos, podendo assim vinculá-los à organização (Schmitt, 2003) e fazer com que seus objetivos pessoais coincidam com os da organização, para que eles não permaneçam nela somente pelo seu poder utilitário (remuneração) e coercitivo (Etzioni, 1980), mas também por conta de seu poder normativo. No entanto, isso não demonstra uma evolução dos modelos de produção e gestão anteriores no sentido de ampliar a autonomia e o poder dos trabalhadores, embora assim pareça para eles. Apenas amplia o campo de atuação do controle organizacional, que antes focava o corpo, o ato e o tempo (Foucault, 1977), e que agora passa a atuar também sobre a subjetividade do indivíduo (Faria; Meneghetti, 2001).
>
> Fonte: Bruning, 2010, p. 22.

Uma apreciação crítica a respeito da evolução das teorias e práticas administrativas mostra que, por um lado, foram realizados avanços tecnológicos sem precedentes e que atualmente a produção industrial é extremamente mais produtiva e eficiente; por outro lado, as tecnologias de gestão atuais são mais sutis na forma como controlam o trabalho, demandando, além de força física, conhecimento, criatividade e compromisso, o que acarreta a cooptação da subjetividade, isto é, um envolvimento total do indivíduo com a empresa em que atua, fazendo com que grande parte de sua identidade seja baseada no seu desempenho e no fato de se obter ou não sucesso profissional.

Qual sua opinião sobre isso? Como as tecnologias de gestão atuais, em comparação com as do início das eras administrativas, mudam as relações de trabalho do ponto de vista do bem-estar, da qualidade de vida do trabalhador e da justiça nas relações sociais?

Para saber mais

O clássico filme *Tempos modernos* (*Modern Times*), de Charles Chaplin, lançado em 1936, representa de forma cômica, porém crítica, o dia a dia de trabalho em uma indústria com características de gestão da era administração clássica.

TEMPOS modernos. Direção: Charlie Chaplin. Estados Unidos: Charlie Chaplin Film Corporation, 1936. 87 min. Disponível em: <https://www.youtube.com/watch?v=ieJ1_5y7fT8>. Acesso em: 4 ago. 2015.

2 Intraempreendedorismo

Conteúdos do capítulo

- Intraempreendedorismo como capacidade de empreender, inovar e encontrar novas soluções.
- Características pessoais do intraempreendedor.
- Características necessárias às empresas para incentivo e progresso do intraempreendedorismo.
- Intraempreendedorismo colocado em prática: programas de incentivo e reconhecimento da ação empreendedora e modelo de plano de empreendimento interno a ser seguido por intraempreendedores.

Após o estudo deste capítulo, você será capaz de:

1. conceituar *intraempreendedorismo*;
2. reconhecer as principais características do comportamento intraempreendedor;
3. reconhecer os principais fatores organizacionais necessários ao estabelecimento do comportamento intraempreendedor;
4. identificar diferentes formatos de programas de reconhecimento e incentivo da ação empreendedora;
5. identificar as principais informações necessárias à construção de um plano de empreendimento interno.

Fazem parte da ação e da história do homem o desejo e o esforço para criar, construir coisas novas e evoluir. Recentemente, temos convencionado chamar esse movimento de *comportamento empreendedor*. Segundo Alves (2011), o termo *empreendedorismo* vem sendo utilizado com diferentes sentidos. O autor faz referência a Cantillon e sua contribuição por ser um dos primeiros autores a admitirem que o sujeito empreendedor não necessariamente é o dono do capital, e sim aquele que tem a ideia inovadora e que assume riscos para concretizar um empreendimento. Cita também o trabalho de Schumpeter, segundo o qual o empreendedor é o sujeito capaz de detectar e aproveitar oportunidades e introduzir, a partir disso, inovações de produto, processo de produção, mercados, fontes de matérias-primas e demais recursos, entre outros.

Segundo o *Dicionário Michaelis* (2009), *empreender* significa "resolver-se a praticar algo laborioso e difícil"; [...] pôr em execução; [...] realizar, fazer". Conforme o mesmo dicionário, *empreendedor*, por sua vez, é definido como aquele que "empreende; que se aventura à realização de coisas difíceis ou fora do comum; ativo e arrojado; que toma a seu cargo uma empresa". Disso temos que o comportamento empreendedor é aquele no qual um indivíduo ou grupo de indivíduos age para colocar algo em execução, realizar, fazer alguma coisa.

Alves (2011) aponta que essa percepção de empreendedorismo exclusivamente ligado aos negócios vem sendo ampliada e que o empreendedorismo passa a ser visto também como um tipo de comportamento. Isso se dá, conforme o autor, em decorrência da união de contribuições da psicologia e da sociologia a pesquisas iniciais da área de economia, as quais empregavam o termo exclusivamente no campo das inovações em negócios.

Para Alves (2011), a compreensão do empreendedorismo como comportamento pode estar associada aos negócios de uma empresa, mas, de forma mais abrangente, relaciona-se a um projeto e até mesmo a uma realização pessoal. Essa ampliação da compreensão levou mais recentemente ao desenvolvimento de diferentes tipos, formas ou noções de empreendedorismo, tais como o comportamento empreendedor, que falamos anteriormente, o empreendedorismo de negócios, o empreendedorismo social e o intraempreendedorismo.

O empreendedorismo de negócios é definido por Alves (2011) como o comportamento empreendedor relacionado a um negócio, empresa ou empreendimento, situação em que uma ideia inovadora é transformada em um negócio com o objetivo de gerar lucro. O empreendedorismo social, por sua vez, é considerado por Alves (2011) como o comportamento empreendedor relacionado à execução de algum feito cujo objetivo final não é a geração de lucro, mas o cumprimento de uma missão social, como a melhoria da qualidade de vida de uma comunidade, a diminuição da desigualdade social e da pobreza, a promoção de justiça, de inclusão, de cidadania etc.

Já *intraempreendedorismo* é um termo que, segundo Alves (2011), surge quando as corporações identificam a necessidade de incentivar esse comportamento dentro de suas estruturas organizacionais, ou seja, trata-se do empreendedor que atua dentro da empresa. É o empregado que apresenta ideias, soluções e projetos e busca colocá-los em ação, independentemente do cargo que ocupa (Alves, 2011).

Lana (2010) assinala que o conhecimento necessário para a inovação das empresas reside nas pessoas que ali trabalham e que são elas que de fato conseguem identificar problemas e criar soluções. O pressuposto é que a capacidade inovadora de uma organização repousa nos funcionários de todos os níveis, pois eles são capazes de identificar no dia a dia de trabalho as imperfeições do processo e do produto da empresa e podem, com base nisso, propor ações inovadoras de criação de produtos, serviços, processos, negócios, mercados, materiais e estruturas da organização. Isso explica a grande importância que vem sendo atribuída ao intraempreendedorismo nas empresas hoje.

Em outras palavras, o intraempreendedorismo é um comportamento que, nos tempos atuais, passou a ser muito valorizado pelas empresas que atuam em ambientes instáveis e de muita mudança. Trata-se de uma forma de agir como empreendedor interno, isto é, voltada à geração, desenvolvimento e implementação de inovações dentro de uma organização. Tal inovação pode ser relacionada à introdução de melhorias em processos, estruturas, tecnologia, produtos ou serviços da empresa (Pinchot, 2004).

Mattos (2008) esclarece que a inovação nas empresas pode ser de quatro tipos:

- **Inovação em produtos:** Refere-se ao desenvolvimento de novos bens ou serviços a serem ofertados pela empresa ou a melhorias naqueles já existentes, visando à adequação às demandas do mercado.
- **Inovação em processos:** Diz respeito à introdução de novas formas de produzir ou à melhoria nos processos de produção e distribuição já existentes na empresa.
- **Inovação organizacional:** Está associada à implantação de novas tecnologias de gestão, novas formas de organizar o trabalho e de estruturar a organização, tanto no âmbito interno quanto nas relações com o mercado, os fornecedores, os parceiros e a concorrência.
- **Inovação em modelo de negócio** (também conhecida como *inovação de estratégia de marketing*)**:** Relaciona-se à implementação ou melhoria de métodos e formas de precificação, direcionamento de público-alvo, *design* de produto, *design* de embalagem, propaganda, imagem de produto, imagem de marca, canais e formas de comunicação com o cliente, canais e formas de distribuição do produto etc.

Perguntas & respostas

O que são intraempreendedores?

"[São] homens e mulheres que a partir de uma ideia, e recebendo a liberdade, incentivo e recursos da empresa em que trabalham, dedicam-se entusiasticamente para transformá-la em produto bem-sucedido [...] Os intraempreendedores são todos os sonhadores que realizam. Aqueles que assumem a responsabilidade pela criação de inovações de qualquer espécie dentro de uma organização. O intraempreendedor pode ser o criador ou o inventor, mas é sempre o sonhador que concebe como transformar uma ideia em uma realidade lucrativa" (Pinchot, 2004).

Vimos no Capítulo 1 que, dado o aumento da competitividade entre as empresas, é cada vez mais necessário, para que sobrevivam nos dias atuais, que elas inovem em produtos e serviços, melhorem sua tecnologia de produção e de gestão e, assim, garantam vantagem competitiva sobre a concorrência.

Vimos também como esse processo levou a uma crescente valorização de conhecimento, experiência e inventividade dos colaboradores por parte das organizações, as quais passaram a demandar que cada um deles aja como "dono do negócio", indo além das atividades e responsabilidades que lhe são predeterminadas para buscar e implementar continuamente melhorias.

Parece claro qual interesse as organizações têm em relação ao intraempreendedorismo. Mas o que leva um colaborador a ter essa postura? O que o faz ir além das funções e obrigações determinadas para seu cargo e por sua chefia? Por que, além de cumprir todas as suas obrigações, ele vai mais longe do que está preestabelecido e assume comportamentos intraempreendedores?

São diversos os fatores que podem motivar os indivíduos a agirem em prol da organização buscando implementar inovações e melhorias contínuas. Alguns são intrínsecos à subjetividade deles, outros dependem fortemente da forma como a empresa está estruturada, de sua cultura, de seus sistemas de incentivo e do modo como agem as lideranças em termos de incentivar e promover a ação intraempreendedora dos colaboradores.

Estudo de caso

Convidamos você a assistir à entrevista concedida pela presidente da DMRH e da Cia. de Talentos, Sofia Esteves, cujo tema foi: "Mesmo em meio à crise, alguns setores da economia seguem contratando". A entrevista foi ao ar no dia 6 de julho de 2015 no programa *Conta Corrente*, da Globonews, e está disponível em: <http://globotv.globo.com/globo-news/conta-corrente/v/mesmo-em-meio-a-crise-alguns-setores-da-economia-seguem-contratando/4303257>.

Procure identificar as características profissionais que estão sendo valorizadas pelas empresas na atual conjuntura econômica. Você reconhece o comportamento intraempreendedor? Perceba como Sofia Esteves ressalta que, no contexto atual de crise, em todos os setores da economia empresas estão tentando enxugar ao máximo os custos e aumentar a produtividade e a eficiência operacional.

> A entrevistada comenta que os profissionais que serão valorizados pelas organizações neste momento e mantidos em um cenário de corte de empregos serão **aqueles que ajudam a empresa a olhar seus sistemas de forma inovadora** e a otimizar a utilização de seus recursos. Sofia Esteves deixa uma mensagem para quem já está empregado: é nessa hora que as empresas enxergam quem tem a **competência de ter o que chama de "dor de dono"**, isto é, quem entende que está difícil para ela, aquele funcionário **"que está junto"**, que **"vem trazer sugestão"**, que faz o máximo para **"fazer melhoria na sua área com o menor orçamento"**, que procura gastar o menos que pode e **"mostrar para a empresa que está lá para o que der e vier"**.
>
> Os trechos que destacamos representam características do comportamento intraempreendedor que temos observado, quais sejam: estar comprometido com a empresa, proporcionar inovação, ser participativo e ir além daquilo que está preestabelecido.

2.1 Características pessoais dos intraempreendedores

Quais são os principais comportamentos do intraempreendedor? De acordo com Bohnenberger e Schmidt (2009), aqueles que levam ao empreendedorismo e, por correspondência, ao intraempreendedorismo são: autoeficácia, assunção de riscos controlados, detecção de oportunidades, persistência, sociabilidade, inovação e liderança. Vejamos a descrição de cada um desses comportamentos, segundo esses autores.

- **Autoeficácia**: Diz respeito à crença cognitiva do indivíduo de quaio que se refere a quais são os os melhores cursos de ação a seguir, dado seu conhecimento sobre as próprias capacidades. O intraempreendedor as conhece – bem como suas limitações – e leva em consideração aquilo em que é melhor.
- **Assunção de riscos calculados**: Refere-se ao comportamento em que um indivíduo, diante de um problema ou oportunidade, avalia as alternativas de ação analisando possíveis consequências. O intraempreendedor não é impulsivo nem avesso ao risco; ele os assume após análise e considerações.

- **Detecção de oportunidades:** Consiste na identificação e utilização de informações que podem ser provenientes de diversas fontes. O intraempreendedor mantém-se atento ao que ocorre interna e externamente à organização, buscando identificar oportunidades de ação e possíveis ameaças que possam surgir e para as quais pode ser necessário inovar a fim de se preparar para enfrentá-las.
- **Persistência:** Está associada à manutenção do esforço para atingir um objetivo ou meta durante o decorrer do tempo. O intraempreendedor trabalha de forma persistente, sujeitando-se a privações diversas, ainda que o retorno ou recompensa de seu esforço seja incerto.
- **Sociabilidade:** Está ligada à utilização da rede social e de relacionamentos para dar suporte à sua ação. O intraempreendedor mobiliza sua rede social para angariar recursos, incentivos e associar-se para a realização de seu empreendimento.
- **Inovação:** Refere-se ao comportamento de relacionar informações e encontrar alternativas criativas de ação. O intraempreendedor associa ideias, experiências, percepções, informações, necessidades do mercado e descobre oportunidades de ação.
- **Liderança:** Trata-se do processo de influenciar o comportamento de outra pessoa ou grupo para o atingimento de objetivos.

O intraempreendedor se utiliza de diversas fontes de poder para ter influência sobre o comportamento de outras pessoas para que elas se identifiquem e se comprometam com o objetivo do líder e movam esforços no sentido de concretizá-lo.

E quais são as características pessoais que facilitam que os colaboradores adotem essas formas de se comportar? Vários estudos buscam identificar o perfil mais propício para o desenvolvimento desses comportamentos. McClelland (1962) foi um dos primeiros pesquisadores a realizarem investigações sobre o assunto. Lembre-se desse autor, pois examinaremos sua teoria acerca das necessidades adquiridas da motivação no Capítulo 3. Ele percebeu como as necessidades de realização, poder e afiliação são forças motivadoras do comportamento das pessoas. Os levantamentos que fez sobre o empreendedorismo o levaram a concluir que uma forte necessidade de realização constitui uma característica presente nos empreendedores e que a busca por desenvolvimento, crescimento e reconhecimento os leva a identificar formas de melhorar a si mesmos e os sistemas em que se inserem.

Hamilton (2008), por sua vez, afirma que os principais atributos pessoais dos intraempreendedores que os levam a desenvolver tais comportamentos nas organizações consistem em serem autoconfiantes, terem habilidades políticas e de negociação e visão sistêmica, serem *networkers* e inovadores. Vejamos a descrição de cada uma dessas características pessoais.

- **Intraempreendedores são confiantes**: Sentem-se confortáveis consigo mesmos, com suas ideias e opiniões.
- **Intraempreendedores têm boas habilidades políticas e de negociação e visão sistêmica**: Têm conhecimento da estrutura formal e da política organizacional e buscam exercer influência e obter poder.
- **Intraempreendedores são *networkers***: Sabem como encontrar e mobilizar recursos em suas redes sociais. Sentem-se confortáveis colaborando, sabem apoiar e demandar apoio.
- **Intraempreendedores são inovadores**: São criativos e inventivos, pensam de forma não tradicional e não se prendem fortemente a convenções ou tradições.

Em sentido semelhante, Hashimoto (2006) destaca entre as principais características dos intraempreendedores: são criativos, persistentes, autoconfiantes, dedicados, proativos e inovadores; tendem a saber identificar e a criar oportunidades; apresentam alta tolerância à incerteza e ao risco; e têm autonomia para tomar decisões por conta própria, o que torna possível que vislumbrem oportunidades e ajam implementando inovações na organização.

Segundo um manual publicado pelo Serviço de Apoio às Micro e Pequenas Empresas do Espírito Santo (Sebrae/ES, 2005), além dessas características pessoais que se relacionam à personalidade, há outros dois conjuntos de atributos que permitem identificar o intraempreendedor os quais se referem às capacidades de planejar e de exercer poder.

O conjunto de características que se relaciona à **capacidade de planejar** diz repeito ao indivíduo que se dedica pessoalmente a obter informações de clientes, fornecedores e até mesmo de concorrentes; que investiga pessoalmente como fabricar um produto ou fornecer um serviço; que procura auxílio de especialistas em busca de assessoria técnica ou comercial; que estabelece metas de longo, médio e curto prazos, de forma clara e específica e, sempre que possível, que sejam mensuráveis; que planeja e monitora a execução de seu empreendimento de forma sistemática; que divide tarefas de grande porte em tarefas menores com prazos definidos; que constantemente revisa os planos conforme resultados obtidos e mudanças que possam vir a ocorrer; e, finalmente, que mantém registros financeiros e os utiliza como fonte de informação para tomada de decisão (Sebrae/ES, 2005).

Já quanto às características relacionadas ao **poder**, temos que o indivíduo intraempreendedor consegue utilizar estratégias deliberadas para influenciar ou persuadir os outros, tem êxito em envolver pessoas-chave no atingimento dos próprios objetivos, além de desenvolver e manter boas relações profissionais e comerciais com colegas, clientes, fornecedores e parceiros. A isso se soma o fato de que o intraempreendedor é independente e autoconfiante, busca autonomia em relação a normas e controles estabelecidos por outras pessoas, procura manter seu ponto de vista mesmo diante de oposição ou de resultados desanimadores e expressa confiança na própria capacidade para completar uma tarefa difícil ou um desafio (Sebrae/ES, 2005).

2.2 Características das organizações que promovem o intraempreendedorismo

As empresas obtêm muitas vantagens com o intraempreendedorismo de seus funcionários, uma vez que a ação empreendedora é realizada na direção de realizar objetivos da organização e melhorar seus resultados. Assim, é importante cultivar uma cultura organizacional que facilite esse tipo de ação. A esse respeito Montenegro (2015) escreve:

> O ambiente intraempreendedor nasce e se expande em função da natureza da cultura das organizações. Na maioria, a estrutura de poder e as teias hierárquicas sufocam a liberdade dos colaboradores, calando também a sua capacidade de inovar. Nas poucas empresas que têm a ousadia de manter estruturas flexíveis, a capacidade criativa dos seus colaboradores tem sido decisiva para o seu desenvolvimento.

Montenegro (2015) complementa sua ideia afirmando que empresas estabilizadas, a partir de determinado nível de estruturação, só conseguem manter-se competitivas se recriarem constantemente processos e técnicas, de forma a melhorar a eficiência e a qualidade de produção, encontrar novos espaços no mercado e desenvolver novos produtos, serviços ou diferenciais para o consumidor. E esse papel de recriar e atualizar a cultura organizacional é desempenhado pelo intraempreendedor.

Para o autor, o intraempreendedorismo é capaz de recriar uma cultura organizacional empreendedora, que apresenta as seguintes características: utilização de tecnologias recentes e de fronteira; incentivo e encorajamento de novas ideias; divisão do trabalho em equipes multidisciplinares; lideranças e gestores intermediários que apoiam e defendem a cultura empreendedora; e, finalmente, o imprescindível apoio da alta administração (Montenegro, 2015).

Percebemos com isso que tanto a estrutura formal quanto a cultura organizacional de uma empresa devem ser propícias para abarcar e incentivar ações intraempreendedoras. Para tal, precisam ser abertas à inovação e à assunção de riscos, permitir o exercício da liberdade, da criatividade e da autonomia pelos colaboradores no desempenho das tarefas e criar canais de comunicação que tornem possível que o conhecimento, a experiência e a inventividade dos funcionários de todos os níveis hierárquicos da organização sejam externalizados e levados em consideração.

Preste atenção no conteúdo sobre motivação que abordaremos no próximo capítulo e você perceberá que, para que as pessoas escolham dirigir esforços voltados ao intraempreendedorismo, é necessário que vejam valor nos resultados que obterão ao agir dessa maneira. Assim, é fundamental que as lideranças (que são mecanismos primários de formação e transmissão da cultura organizacional) e os sistemas formais de recompensa (que são mecanismos secundários) reconheçam e premiem esse comportamento.

Para que o intraempreendedorismo se estabeleça para os colaboradores como uma postura pela qual vale a pena se esforçar, é preciso que a organização lhes ofereça liberdade para criar e orçamento para financiar as inovações deles. Para Chiavenato (2005), os principais recursos que devem ser garantidos pela estrutura organizacional e pelas lideranças para que exista a ação intraempreendedora são: liberdade de expressão;

possibilidade de comunicação horizontal; maior delegação de poder aos indivíduos; incentivo, reconhecimento e recompensa em relação à criação inovadora; maior participação dos indivíduos nas tomadas de decisão; e investimento do desenvolvimento das aptidões e competências dos colaboradores.

Baker e Kecharananta (1998) defendem ideia semelhante e afirmam que, para que haja o comportamento intraempreendedor, as organizações devem ter a liberdade de ação e o incentivo à participação como regra que deve ser cobrada e reconhecida pelos gestores de todas as equipes das quais se espera tal postura. Além disso, é preciso que estejam dispostas a arcar com os custos decorrentes de possíveis fracassos ou erros. Aquelas que não forem tolerantes a erros não terão incentivos para que as pessoas se arrisquem em inovações, pois, uma vez que o intraempreendedorismo demanda proatividade e é um comportamento voluntário do colaborador, se este sentir que o emprego pode ser colocado em risco caso falhe, ele não terá incentivos para investir em comportamentos que o coloquem em qualquer situação de vulnerabilidade.

Pryor e Shays (1993) apresentam pensamento na mesma linha e indicam que, para que haja um ambiente em que a inovação e o intraempreendedorismo possam existir, a organização deve ser capaz de:

- incentivar e encorajar os colaboradores a desenvolver e a expor suas ideias;
- permitir e incentivar que as ideias sejam levadas adiante, acompanhando e controlando níveis de risco e custo;
- garantir o acesso a recursos necessários para a implementação da ação empreendedora;
- garantir a liberdade necessária para avaliação, prototipagem e testagem do empreendimento ou inovação;
- aceitar a falha e o erro, compreendendo que são naturais no processo de implementação da mudança, que envolve subsequentes tentativas e ajustes;
- incentivar e investir na qualificação dos colaboradores intraempreendedores, de forma a desenvolver as capacidades deles e a gerar maior comprometimento com os objetivos organizacionais.

2.3 O intraempreendedorismo colocado em prática

É importante ressaltarmos que empreender internamente em uma empresa é algo que precisa ir além da identificação de oportunidades e da criação de ideias. Sem dúvida, esse é um passo fundamental, porém, sem uma ação planejada, sistematizada e organizada, o intraempreendedor jamais conseguirá colocar as ideias em prática.

Em que consistem o planejamento, a sistematização e a organização do intraempreendimento? Conforme aponta Dolabela (1999), é imprescindível que toda inovação que se vá propor, seja em técnicas, seja em processos, seja em produtos, seja em negócios de uma empresa, passe por um estudo de viabilidade. Este pode ser feito por meio de planos de investimento, planos de negócio ou mesmo pela proposição de projetos de melhoria; todavia, independentemente do modelo de estudo adotado pelo intraempreendedor, é importante que se estabeleça um plano de ação no qual se descreve em detalhes a inovação proposta, bem como se analisam e se demonstram: as vantagens, isto é, os ganhos esperados; os custos; os recursos necessários para a implementação; e o passo a passo de implementação, de preferência em formato de cronograma, para que se possa gerenciar o processo do empreendimento.

Esse estudo de viabilidade ou plano de ação (em formato de plano de investimento, plano de negócio ou proposta de projeto de melhoria), deve ser elaborado pelo intraempreendedor com o objetivo de minimizar os riscos do empreendimento, bem como de servir como guia de sua implementação.

Outra vantagem em se realizarem um estudo de viabilidade e um plano de ação reside no fato de que, como o intraempreendedorismo ocorre com base na proposta de inovações dentro de uma empresa, o intraempreendedor precisará apresentar sua ideia e convencer superiores hierárquicos da validade dela; a sistematização e a apresentação em forma de um documento atribuem maior profissionalismo e credibilidade à proposta do colaborador.

Devemos observar que há diversos modelos de documentos sistematizados para se produzirem um estudo de viabilidade e um plano de ação.

Podem ser encontrados *on-line*, por meio de bibliografias e até mesmo como serviço prestado por consultorias. Ressaltamos, no entanto, que modelos de planos de negócios e de planos de investimento costumeiramente são projetados tendo em mente o empreendedor de negócios, isto é, o indivíduo que está prospectando começar um novo negócio (abrir uma nova empresa). Portanto, para a utilização deles em uma proposta de intraempreendedorismo, é necessário adaptar os itens e análises à realidade interna da empresa em que se propõe fazer a inovação.

É comum em empresas que já desenvolveram uma cultura intraempreendedora a utilização de formulários próprios de proposição de ideias por parte dos colaboradores. Algumas disponibilizam caixas de sugestões, outras fazem reuniões periódicas com os funcionários, a exemplo das "conversas com o presidente", e há aquelas que já disponibilizam na própria intranet da empresa espaços sistematizados de proposições de melhorias.

Estudo de caso

As empresas têm valorizado cada vez mais a participação de seus funcionários, entendendo que do conhecimento, prática e experiência cotidiana do processo produtivo podem advir boas ideias e oportunidades de melhorias.

Procure identificar programas de incentivo ao intraempreendedorismo adotados por empresas atuantes no mercado brasileiro.

Vejamos alguns exemplos:

a) **Programa Caçadores de Oportunidades – Kimberly-Clark**

Recomendamos a você que acesse a reportagem da revista *Você-RH* intitulada "A Kimberly-Clark premia as boas ideias dos funcionários", publicada em 10/12/2011 e disponível em: <http://exame.abril.com.br/revista-voce-rh/edicoes/19/noticias/sacadas-milionarias>.

Conforme Manso (2011), a empresa, fabricante de produtos de higiene e limpeza, estabeleceu como ação prática para o incentivo de ideias que visassem à redução de custos e despesas, bem como à melhoria de seus processos produtivos e ao aprimoramento de seus produtos o programa chamado *Caçadores de Oportunidades*. A iniciativa consiste em passar a reconhecer as melhores ideias dos funcionários e recompensá-los financeiramente pelo retorno obtido pela empresa. Participam indivíduos ou grupos de baixo nível gerencial e que trazem sugestões que vão além da sua responsabilidade direta e que possibilitem reduzir, evitar ou postergar custos e despesas, aumentar a produtividade e melhorar a qualidade dos produtos e a segurança dos processos. Todas as sugestões são inscritas por meio de formulário preestabelecido pela gerência e avaliadas por comitês multifuncionais, que analisam a viabilidade técnica e financeira do empreendimento proposto. A recompensa financeira oferecida ao colaborador intraempreendedor corresponde a um percentual sobre o valor gerado à empresa por meio da inovação proposta.

Como exemplo dos resultados obtidos com o programa, podemos citar, de acordo com Manso (2011), uma revisão do planejamento tributário que levou a uma redução de 8% da tributação normalmente paga pela empresa, bem como a eliminação de etapas no processo de produção, garantindo maior eficiência.

b) Programa Boa Ideia – Embraer
Recomendamos a você que acesse a reportagem do jornal *O Vale*, intitulada "Programa da Embraer ajuda a melhorar rotina do trabalho", publicada em 26/05/2013 e disponível em: <http://www.ovale.com.br/regiao/programa-da-embraer-ajuda-a-melhorar-rotina-do-trabalho-1.407820>.

Conforme Pereira (2013), O Programa Boa Ideia vem sendo implementado pela Embraer há mais de 25 anos e tem como ponto forte o incentivo às ideias e sugestões que tragam melhorias ao ambiente de trabalho. A premiação é realizada por meio de brindes que incluem eletrodomésticos e eletroeletrônicos. Além deles, outras formas de reconhecimento são utilizadas, como a realização de eventos culturais e gastronômicos nos quais participam os colaboradores que apresentam as melhores ideias, bem como suas famílias e diretores e chefias da organização.

c) Programa Geração de Ideias – Volkswagen
Recomendamos que você acesse o comunicado à imprensa realizado pela Volkswagen do Brasil em 10/11/2011, intitulado "No Dia da Criatividade, Programa Geração de Ideias Volkswagen contabiliza prêmios de R$ 12,5 milhões a funcionários", disponível em: <http://www.vwbr.com.br/ImprensaVW/Release.aspx?id=d13542a4-1f7a-446f-9d83-66f68c7e389c>.

> Verificamos que o Programa Geração de Ideias da Volkswagen busca reconhecer e incentivar a participação dos funcionários por meio de pagamentos em dinheiro. A iniciativa funciona via intranet da empresa, e por meio de acesso via *login* e senha pessoal o colaborador pode cadastrar suas ideias de melhorias e acompanhar sua análise, realizada por equipes profissionais que monitoram as sugestões (Volkswagen do Brasil, 2011).
>
> Trata-se de uma forma sistematizada de operacionalizar as ideias geradas pelos colaboradores, que ficam registradas no sistema e que geram informações que podem ser utilizadas de forma integrada a outros processos de gestão de pessoas, como atribuir pontos extras na avaliação de desempenho. Com isso, garante-se que o reconhecimento da participação dos colaboradores não seja exclusivamente de ordem financeira, mas também permita mais chance de crescimento dentro da empresa para aqueles que são intraempreendedores.
>
> Verificamos, com base nos casos descritos, que o incentivo ao intraempreendedorismo não se constitui em uma ciência exata; cada empresa desenvolve o próprio método e canal de comunicação para escutar as propostas de melhorias dos colaboradores.

    De maneira análoga, cada empresa desenvolve e utiliza formulários de sugestão de ideias e propostas de melhoria da maneira que melhor lhe convém. São encontrados desde formulários mais simplificados, que solicitam ao colaborador que apenas descreva em linhas gerais a ideia e a oportunidade identificadas, até outros mais detalhados, que demandam estudo de viabilidade e plano de ação para a implementação da ideia proposta.

Figura 2.1 – Exemplo de formulário para sugestões de melhorias

Formulário para Sugestões de Melhorias

Data: ___/___/___

Nome: _____ Cargo: _____
Setor/Departamento: _____ Telefone: _____
E-mail: _____ Crachá: _____

Descrição do problema

Proposta de melhoria

Resultado esperado

Fonte: Círculo Camiliano de Qualidade, 2015.

Nosso objetivo na próxima seção é apresentar um modelo de estudo de viabilidade e plano de ação que acreditamos conter pontos fundamentais em uma proposta de empreendimento dentro de uma empresa. Ele pode servir de guia tanto para o intraempreendedor que deseja propor sugestões de melhorias quanto para empresas que desejam sistematizar um formulário a ser utilizado por seus funcionários, como forma inicial de implementação de um programa de incentivo ao intraempreendedorismo.

2.3.1 Plano de empreendimento interno

Chamamos aqui de *plano de empreendimento interno* o documento que recomendamos que o intraempreendedor construa para estudar a viabilidade da ideia de melhoria que está pensando em propor para a organização na qual trabalha e que servirá também como plano de ação a ser seguido para implementação de sua inovação. Ele equivale a um plano de negócios, com a seguinte diferença: um plano de negócios visa a estabelecer os critérios de viabilidade e plano de ação para a construção de uma nova empresa (Rosa, 2004), ao passo que o plano de empreendimento interno visa a definir os critérios de viabilidade e plano de ação para a construção justamente de um empreendimento interno à organização, ou seja, uma inovação ou melhoria em seus produtos, processos, serviços, materiais, técnicas etc.

Lembre-se de que a ideia de melhoria ou inovação que está sendo proposta depende da utilização de recursos da organização para que seja implementada. Dessa forma, o objetivo da confecção de um documento como um plano de empreendimento interno, que apresenta um estudo de viabilidade e um plano de ação, é conquistar patrocinadores e investidores internos que apoiem a inovação proposta.

Recomendamos que um plano de empreendimento interno seja composto dos itens descritos na sequência.

1. Sumário executivo

O sumário executivo é um resumo do plano de empreendimento interno no qual estão incluídas as definições principais da proposta de melhoria ou inovação. O objetivo é apresentar de modo breve em que consiste o projeto para os possíveis patrocinadores.

Concordamos com Rosa (2004), que recomenda que a primeira parte de um plano de negócio seja composta do sumário executivo. Ainda que as informações necessárias só estejam disponíveis ao intraempreendedor quando ele já construiu todo o projeto com o estudo de viabilidade e o plano de ação do empreendimento interno, é interessante que esse trecho venha acima de todos os demais itens no documento final. Veja que o objetivo aqui é cativar o investidor, isto é, "vender o peixe", despertar o interesse dele para que dedique um pouco mais de seu tempo na leitura aprofundada dos detalhes do projeto apresentados na sequência.

Recomendamos que no sumário executivo do plano de empreendimento interno sejam relatadas, de forma breve, informações como: o problema (ou oportunidade) identificado; a proposta de melhoria ou inovação; os resultados esperados; as áreas ou os departamentos afetados/envolvidos; as principais pessoas (cargos e funções) envolvidas; e o valor do investimento.

2. Apresentação dos dados do(s) intraempreendedor(es)

Este item diz respeito à descrição dos dados do intraempreendedor ou do conjunto de intraempreendedores que está propondo a ideia de melhoria ou inovação: nomes e atribuições dentro da empresa (cargo, área, departamento etc.).

Rosa (2004) aponta que é interessante incluir em um plano de negócios o perfil do empreendedor, isto é, um breve resumo de seus conhecimentos, habilidades e experiências anteriores. Tomamos por empréstimo essa ideia para indicar que seja observada também no plano de empreendimento interno, pois entendemos que o relato do perfil dos intraempreendedores pode atribuir maior credibilidade ao projeto que está sendo proposto.

3. Apresentação

Nesta seção do plano de empreendimento interno recomendamos que o intraempreendedor apresente em detalhes a ideia de melhoria ou inovação que está propondo à empresa.

Conforme o escopo do empreendimento interno, podem ser apresentadas as seguintes informações:

a) Área, departamento, local em que se propõe a melhoria/inovação.

b) Estudo dos clientes internos: É necessário descrever as pessoas (cargos e postos de trabalho) que serão beneficiadas com o empreendimento interno, indicando de que modo isso se dará.
c) Estudo dos concorrentes: É o exame dos pontos fortes e fracos da concorrência em relação à melhoria ou inovação que se está propondo. É preciso deixar claro como a iniciativa proposta coloca a empresa em vantagem competitiva em relação à concorrência ou ao menos se equipara com o que ela já está fazendo.
d) Estudo dos fornecedores: Refere-se ao exame e levantamento dos possíveis fornecedores de equipamentos, matéria-prima, móveis, ferramentas, serviços e outros que serão necessários para a implementação do empreendimento interno que se está propondo. Essas informações tornarão possível fazer uma estimativa do valor do investimento requerido. Recomendamos desenvolver uma tabela cruzada em que se informam nas linhas todos os itens a serem adquiridos e nas colunas os nomes dos possíveis fornecedores com o respectivo preço para cada item. Pode ser interessante complementar a tabela com detalhes sobre condições de pagamento negociadas pelos fornecedores, bem como o prazo de entrega.
e) Estudo do processo de gestão da mudança: É o exame em que se deve indicar as mudanças que serão realizadas na empresa por meio do empreendimento interno que se está propondo em termos de comportamentos novos a serem adotados, bem como um plano para implementação desse processo. No Capítulo 5 você encontrará informações sobre esse assunto, além de poder visualizar um modelo de processo de gestão da mudança a ser aplicado.

4. Operacionalização

Seja inovação, seja melhoramento referente a produto, serviço, processo, sistema ou até mesmo ao ambiente de trabalho, é provável que o novo empreendimento interno demande a implementação ou alteração de processos e fluxos de trabalho na empresa. Nesta parte do plano de empreendimento interno, o objetivo é esclarecer como o empreendimento proposto vai funcionar. Recomendamos que seja descrita a operacionalização da ideia ou inovação, demonstrando-se como se dará o novo processo de produção estabelecendo-se o fluxograma de atividades no maior nível de detalhamento possível.

É relevante também mostrar graficamente o *layout* do novo processo, definindo-se a distribuição dos recursos (matérias-primas, ferramentas, máquinas e móveis, entre outros) e das pessoas no espaço disponível, com vistas à eliminação de desperdícios, ao aumento da produtividade da qualidade da produção, à melhoria das relações e das comunicações entre as pessoas e das condições de segurança e qualidade de vida relacionadas ao ambiente de trabalho.

Quanto ao plano operacional, recomendamos finalmente que sejam realizados estudos de impacto considerando-se todos os *stakeholders* da empresa. Trabalharemos esse tema com maior profundidade no Capítulo 5, no entanto, por ora, cabe delimitar que *stakeholders* são todos os públicos que podem impactar a forma de atuação da organização ou ser impactados por esse aspecto. Nesse sentido, é importante verificar os possíveis riscos e danos que podem ser gerados pelo novo empreendimento a todos os públicos da empresa (consumidores, funcionários, fornecedores, comunidade em que está inserida, meio ambiente, sociedade em que opera etc.).

Por exemplo, em relação ao público interno (os funcionários da organização), é necessário que seja realizado um estudo das condições de higiene e segurança do novo processo e *layout* de trabalho para garantir o bem-estar e a saúde das pessoas e verificar as condições ergonômicas de realização das atividades que compõem o novo processo, o nível de ruído, a temperatura, as características das matérias-primas envolvidas e potenciais riscos decorrentes de seu manuseio, a necessidade de utilização de equipamentos de proteção individual e outros.

Em relação ao meio ambiente, também é necessário que se desenvolva um estudo dos impactos ambientais do novo empreendimento e do processo de trabalho, buscando-se diminuir a geração de resíduos e utilizar insumos renováveis e fontes seguras.

5. Implementação

Nesta parte do plano, recomendamos que seja descrito o passo a passo para implementar a mudança que se está propondo com o estabelecimento de um cronograma para realização de cada uma das etapas.

É importante descrever todas as atividades, o tempo de realização e as pessoas responsáveis, para que se possa começar a realizar o novo processo.

As etapas podem incluir, entre outras providências, negociação e compra de materiais, máquinas, ferramentas etc. necessários; reformas e reparos no local de implementação do novo processo; e contratação e treinamento de pessoal.

Sugerimos que o intraempreendedor descreva em forma de tabela todos os passos que precisam ser realizados para preparação do novo processo, estabelecendo datas, responsáveis e pessoas envolvidas em cada atividade.

6. Plano financeiro

Muito comum nos planos de negócios, a parte de descrição dos investimentos necessários à realização do empreendimento, bem como do retorno financeiro esperado, é de fundamental importância para o julgamento de viabilidade de um projeto (Rosa, 2004).

No plano financeiro do empreendimento interno, recomendamos que seja estimado o valor de investimento total, o qual é determinado pela soma entre investimentos fixos, investimentos financeiros e investimentos pré-operacionais (Rosa, 2004).

Conforme Rosa (2004), o investimento fixo diz respeito a todos os bens que precisam ser adquiridos para que o empreendimento interno possa funcionar (máquinas, equipamentos, ferramentas, veículos etc.).

Já os investimentos financeiros, conforme o mesmo autor, são aqueles correspondentes à formação de capital de giro necessário para o empreendimento, isto é, para o funcionamento cotidiano do processo em questão; eles envolvem a compra de matérias-primas, o pagamento de salários, energia, aluguel do espaço e demais despesas (Rosa, 2004).

Finalmente, ainda conforme Rosa (2004), os investimentos pré-operacionais estão associados aos gastos realizados antes do início das atividades do novo processo ou empreendimento interno, como reformas, taxas de registro e certificações. É necessário contabilizar todos esses valores e somá-los para que se tenha clareza quanto ao investimento total do empreendimento interno que está sendo proposto.

Além das estimativas de investimento, que refletem o custo que o empreendimento trará, é necessário estabelecer também a estimativa de faturamento que a iniciativa proporcionará à empresa. De acordo com Rosa (2004), essa é talvez uma das tarefas mais difíceis a serem realizadas pelo empreendedor, pois, normalmente, as atividades do novo processo ainda não foram iniciadas para permitir saber com precisão o índice de produtividade.

É necessário aqui buscar contabilizar os resultados previstos com a implementação do empreendimento interno, devendo-se apresentar, por exemplo, comparativos entre a produtividade atual e a produtividade esperada após a alteração do processo, o nível de vendas atual e o nível de vendas esperado, o índice de refugo ou retrabalho atual e o índice de refugo ou retrabalho esperado, conforme o tipo de inovação ou melhoramento que se está propondo.

Registradas todas as informações elencadas nos itens descritos, o intraempreendedor terá um plano de empreendimento interno que servirá como documento para angariar patrocinadores e, mais que isso, um valioso instrumento de planejamento.

Síntese

Neste capítulo, tratamos do intraempreendedorismo, definido como o comportamento que se relaciona com a capacidade de empreender, inovar, encontrar novas soluções dentro das organizações. Identificamos os atributos pessoais que os intraempreendedores apresentam: são autoeficazes, assumem riscos calculados, detectam oportunidades, são persistentes, sociáveis, inovadores e exercem liderança. Observamos como pessoas com esse perfil costumam ter forte necessidade de realização, ser confiantes, criativas, dedicadas e persistentes, ter boas habilidades políticas e sociais para o *networking*, além de ser proativas, autônomas e ter alta tolerância à incerteza.

Abordamos também as características que as empresas precisam ter para que o intraempreendedorismo seja incentivado e prospere internamente: dispor de processos e práticas, isto é, uma cultura organizacional, que estimulem e encorajem os colaboradores a desenvolver e a expor ideias; permitir e incentivar que as ideias sejam levadas adiante; acompanhar e controlar níveis de risco e custo; garantir o acesso a recursos necessários para implementação da ação empreendedora e a liberdade necessária para a avaliação, prototipagem e testagem do empreendimento ou inovação; aceitar a falha e o erro, compreendendo que são naturais no processo de implementação da mudança, que envolve subsequentes tentativas e ajustes; e estimular e investir na qualificação dos colaboradores intraempreendedores, de forma a desenvolver suas capacidades e a gerar maior comprometimento com os objetivos organizacionais.

Finalizamos o capítulo com o estudo do intraempreendedorismo na prática, analisando exemplos de como são realizados programas de incentivo e reconhecimento da ação empreendedora nas organizações. Apresentamos um plano de empreendimento interno, no devem constar informações sobre a inovação ou melhoria proposta, sendo composto das seguintes partes: sumário executivo, apresentação dos dados do(s) intraempreendedor(es), apresentação, operacionalização, implementação e, finalmente, plano financeiro.

Questões para revisão

1. Vimos que a inovação nas empresas pode ser de quatro tipos: inovação em produtos (bens ou serviços), inovação em processos, inovação organizacional e inovação no modelo de negócio. Sobre esse tema, indique se as afirmações a seguir são verdadeiras (V) ou falsas (F):

    ( ) Inovação em produtos se refere ao desenvolvimento de novos bens ou serviços a serem ofertados pela empresa, desde que não envolva melhorias nos produtos já existentes, visando à adequação às demandas do mercado.

    ( ) Inovação em processos diz respeito à implantação de novas formas de produzir ou à melhoria nos processos de produção e distribuição já existentes na empresa.

    ( ) Inovação organizacional consiste no desenvolvimento ou melhoria de métodos e formas de precificação, direcionamento de público-alvo, *design* de produto, *design* de embalagem, propaganda, imagem de produto, imagem de marca, canais e formas de comunicação com o cliente, canais e formas de distribuição do produto e outros.

( ) Inovação em modelo de negócio se refere ao desenvolvimento de novas tecnologias de gestão, novas formas de organizar o trabalho e de estruturar a organização.

Assinale a alternativa que apresenta a sequência correta:

a) V, F, F, V.
b) V, V, V, F.
c) F, F, V, F.
d) F, V, F, V.
e) F, V, F, F.

2. Dentre os principais comportamentos realizados pelo intraempreendedor estão:

a) responsabilizar-se por suas decisões, comprometer-se com resultados organizacionais e ser um exímio seguidor de ordens.
b) assumir riscos de forma calculada, detectar oportunidades e persistir no atingimento de objetivos.
c) ter foco exclusivo em resultado e inovação.
d) responsabilizar-se e comprometer-se individualmente com os objetivos e promover a competição entre seus pares.
e) confiar em seus instintos e seguir sua ideia inicial sem realizar pesquisas ou planejamentos.

3. Entre as principais características pessoais dos intraempreendedores, podemos destacar todas as citadas a seguir, **exceto**:

a) Intraempreendedores têm forte necessidade de autorrealização.
b) Intraempreendedores são autoconfiantes, têm habilidades políticas e de negociação e visão sistêmica, são *networkers* e inovadores.
c) Intraempreendedores são criativos, persistentes, autoconfiantes e dedicados.
d) Intraempreendedores são criativos, não são teimosos, abandonam com facilidade ideias para as quais não obtêm apoio imediato, têm alta tolerância à incerteza e ao risco, mas

pecam por falta de autonomia para tomar decisões por conta própria, necessitando do apoio de sua rede social para inovar.

e) Intraempreendedores são proativos e inovadores, tendem a saber identificar e criar oportunidades, apresentam alta tolerância à incerteza e ao risco e têm autonomia para tomar decisões por conta própria.

4. Quais são as principais características da estrutura e da cultura das organizações que abarcam e incentivam o intraempreendedor?

5. Em um documento em que se visa a estabelecer o plano de empreendimento interno, temos que uma das partes mais relevantes para avaliar a viabilidade de uma possível inovação ou melhoramento a ser implementado é o valor de investimento total. Como esse lado pode ser estimado?

Questões para reflexão

1. Você tem perfil empreendedor? Já pensou em abrir a própria empresa? Gosta de participar e obter reconhecimento pela sua participação na organização em que trabalha?

2. Você, como empreendedor, conseguiria identificar alguma oportunidade de negócio, produto ou processo na empresa ou área em que atua? Consegue identificar algo que poderia ser feito melhor, de forma mais rápida ou mais barata?

Recomendamos àqueles que desejam conhecer mais sobre seu perfil e reconhecer em si mesmos as características de um empreendedor que façam o teste "Quanto de empreendedorismo tem no seu comportamento?", disponível em: <http://vhconsultores.com.br/gallery/pdf_Caracteristicas_do_Empreendedor.pdf>.

3. Pinchot (1985), em seu trabalho inicial sobre o intraempreendedorismo, criou uma lista com dez mandamentos para o intraempreendedor:

1. Venha trabalhar a cada dia disposto a ser demitido.
2. Desvie de qualquer ordem direcionada a parar seu sonho.
3. Faça qualquer atividade necessária para seu projeto funcionar, independente da sua descrição de cargo.
4. Encontre pessoas que o ajudem.
5. Siga sua intuição a respeito das pessoas com as quais trabalha e trabalhe apenas com os melhores.
6. Trabalhe em silêncio o máximo que puder – publicidade atiça mecanismos de defesa organizacionais.
7. Nunca aposte em uma corrida, a menos que você esteja participando dela.
8. Lembre-se de que é mais fácil pedir desculpas do que pedir permissão.
9. Seja verdadeiro com seus objetivos e realista sobre os meios de como alcançá-los.
10. Honre as pessoas que te apoiam. (Pinchot, 1985, p. 22, tradução nossa)

Embora essa abordagem no formato de mandamentos ou "dicas" seja um pouco ingênua e peque pela falta de um embasamento científico ou argumentação técnica, ela traduz de alguma forma os principais comportamentos de sucesso dos intraempreendedores, que são: ser proativo e ir além do que está preestabelecido; esforçar-se em manter e cultivar boas relações pessoais; recorrer à rede de relacionamento para angariar tanto informações quanto recursos; associar-se a outras pessoas para fazer o empreendimento acontecer; distribuir recompensas entre os apoiadores do empreendimento; assumir riscos; e ser autoconfiante e persistente.

Qual é sua opinião a respeito desses mandamentos?
Que comportamentos concretos eles traduzem?

> **Para saber mais**
>
> Para ampliar seu conhecimento sobre intraempreendedorismo, recomendamos a leitura da entrevista com Gifford Pinchot publicada originalmente no jornal *Valor Econômico* e replicada por outras mídias eletrônicas. Ele é um dos principais pesquisadores do assunto. Confira os detalhes da referência:
>
> PINCHOT, G. **Sua ideia vale ouro no novo modelo de administração**. 14 jul. 2004. Disponível em: <http://www2.uol.com.br/aprendiz/guiadeempregos/executivos/info/artigos_150704.htm>. Acesso em: 14 set. 2015.
>
> Para aprofundar seus estudos sobre como desenvolver um plano de negócio, recomendamos a leitura do material de autoria de Claudio Afrânio Rosa indicado a seguir. Trata-se de um documento produzido e divulgado pela Rede Sebrae de Atendimento.
>
> ROSA, C. A. **Como elaborar um plano de negócio**. Belo Horizonte: Sebrae/MG, 2004. Disponível em: <http://www.ufal.edu.br/empreendedorismo/downloads/manuais-guias-cartilhas-e-documentos-sobre-empreendedorismo-e-inovacao/apostila-como-elaborar-um-plano-de-negocio-sebrae-mg>. Acesso em: 21 ago. 2015.
>
> Para inspirar-se e preparar-se para identificar oportunidades de inovação, recomendamos a realização do curso *on-line*, produzido pela Universidade de São Paulo (USP), intitulado "Princípios de sustentabilidade e tecnologias portadoras de inovação".
>
> VEDUCA. **Princípios de Sustentabilidade e Tecnologias Portadoras de Inovação**. Universidade de São Paulo. Curso on-line. Disponível em: <http://www.veduca.com.br/assistir/principios-de-sustentabilidade-e-tecnologias-portadoras-de-inovacao>. Acesso em: 14 set. 2015.

3 Variáveis do comportamento organizacional relacionadas aos indivíduos

Conteúdos do capítulo

- Variáveis independentes do comportamento organizacional.
- Aspectos da subjetividade que influenciam no modo como os indivíduos se comportam na organização.
- Personalidade e valores individuais.
- A percepção e o modo como interfere no comportamento humano.
- Tomada de decisão e fatores que interferem nas escolhas.
- Motivação e esforço para o atingimento de objetivos.

Após o estudo deste capítulo, você será capaz de:

1. conceituar *personalidade* e identificar seus principais traços;
2. identificar os traços de personalidade do modelo de cinco fatores;
3. conceituar *valores* e compreender a importância da congruência de valores entre indivíduo e organização;
4. conceituar *percepção* e identificar os principais vieses perceptivos que nos levam a enxergar a realidade de maneira tendenciosa;
5. identificar os principais passos do processo de tomada de decisão;
6. reconhecer os principais riscos a serem evitados para a realização de uma escolha objetiva;
7. compreender o processo de aprendizagem e de mudança do comportamento;
8. conceituar *motivação* e identificar as principais teorias de comportamento organizacional sobre esse fator.

Variáveis do comportamento organizacional relacionadas aos indivíduos

No Capítulo 1, vimos como, a partir da era da administração neoclássica até os dias atuais, as empresas têm despendido mais esforços para compreender fatores da subjetividade dos indivíduos a fim de poder melhor gerenciar os colaboradores e atingir os objetivos com mais eficiência. Vimos também que a área de comportamento organizacional tem o objetivo de gerenciar a produtividade, o absenteísmo, a rotatividade e a satisfação dos colaboradores da empresa e que, para tal, estuda e atua em fatores que se dão tanto no nível individual quanto no coletivo.

Nosso objetivo neste capítulo é apresentar esses fatores que se dão no âmbito individual e que interferem na forma como os indivíduos se comportam na organização. Trata-se de aspectos da subjetividade. Vamos abordar primeiramente aspectos relativos à personalidade e aos valores e, na sequência, vamos enfocar a percepção e como esta afeta nossa tomada de decisão, além de tratarmos da aprendizagem para entendermos como aprendemos a ser quem somos. Completam o capítulo as reflexões acerca das atitudes e da motivação.

Perguntas & respostas

O que é comportamento?
É o conjunto de reações de um organismo em resposta a um estímulo que provém de seu meio interno ou externo e que pode ser observado objetivamente.

Revisando

O que é comportamento organizacional?
É a área que estuda o comportamento dos indivíduos e dos grupos nas organizações com o fim de prever e dirigir as ações desses atores de modo a atingir os objetivos organizacionais e tornar essas insituições mais eficientes e produtivas.

Em outras palavras, é a área que busca estabelecer de que maneira os indivíduos, os grupos e o ambiente afetam o comportamento das pessoas quando organizadas, buscando um elo entre a forma como agem e a eficiência da organização.

3.1 Personalidade e valores

É fácil perceber que algumas pessoas são tranquilas e quietas, outras são mais agitadas e falam alto, há aquelas que gostam de desafios e, ainda, as que preferem conservar as coisas como estão. Você já parou para pensar de onde vêm essas diferenças pessoais? Em grande parte, são oriundas das diferenças entre as personalidades.

Uma das definições de **personalidade** mais comumente utilizadas é a de Gordon Allport (1960, 1973, 1975), que a vê como a organização dinâmica interna de um indivíduo a qual determina sua maneira única de se ajustar ao ambiente. Robbins (2005) sumariza esse conceito ao indicar que a personalidade representa a soma da totalidade das formas como um indivíduo reage e interage com os outros. De acordo com esse autor, a personalidade é normalmente dimensionada pelos traços mensuráveis que uma pessoa demonstra.

Preste atenção à palavra *dinâmica* mencionada no conceito de Allport (1960, 1973, 1975). Ela implica que nossa organização interna muda permanentemente ao longo do tempo e faz com que, embora mais ou menos constante ao longo da vida, nossa personalidade possa, sim, ser alterada em função de nossas vivências, de nosso aprendizado e, principalmente, de nossa força de vontade. Ainda que seja difícil, é possível que, com esforço e disciplina, consigamos mudar a forma como reagimos e interagimos com as pessoas.

Perguntas & respostas

O que é personalidade?
Conforme Allport (1960, 1973, 1975), é o caráter pessoal e original de um indivíduo, o conjunto de maneiras de ser mais ou menos constante de uma pessoa. Está relacionada com sua natureza (a forma de ser inata), aliada à educação que vivencia ao longo da vida (ou seja, sua preparação), e com a maturidade, isto é, as experiências também adquiridas durante a existência.

Para explicarmos as principais fontes determinantes da nossa personalidade, é importante destacarmos que no conceito adotado aqui ela é considerada um conjunto de características, também conhecidas como *traços*, as quais podem ser determinadas tanto por herança genética quanto por influências ambientais, isto é, pelo aprendizado. Assim, as características físicas e biológicas com as quais nascemos e o meio físico e social no qual vivemos influenciam nossa personalidade, que vai sendo modificada pela nossa convivência com outras pessoas e grupos, como família, amigos e até mesmo a organização em que trabalhamos.

> **Perguntas & respostas**
>
> **O que são traços de personalidade?**
> São padrões habituais de comportamento, características relativamente estáveis ao longo do tempo e que diferem entre os indivíduos e influenciam o comportamento. São exemplos de traços de personalidade: ser tímido, extrovertido, bem-humorado, alegre, introspectivo, rabugento, conservador, inovador, criativo.

Você deve estar se perguntando: Como os conhecimentos sobre personalidade se aplicam ao comportamento organizacional? A principal razão de estarmos interessados nesse tema se deve ao fato de que a personalidade tem a ver com as competências dos indivíduos, ou seja, há relações entre os traços de uma pessoa e a maneira como esta se comporta no trabalho.

Nesse sentido, o comportamento organizacional pressupõe que alguns traços de personalidade levam a comportamentos mais adequados para determinadas atividades ou funções organizacionais. Como exemplo, imagine um gestor que está pensando em contratar ou promover alguém em sua empresa. Ele pode utilizar métodos de identificação e avaliação da personalidade dos candidatos e obter informações para embasar sua decisão, visto que descobrir os traços de personalidade de cada candidato pode ajudar a prever como será o desempenho de cada um em determinadas funções.

Você se convenceu do valor que há para os gestores em perceber os traços de personalidade dos indivíduos? Então vejamos como esse tipo de informação pode ser obtida. Primeiramente, para identificar, medir ou avaliar esses traços, o gestor tem de definir quem será seu informante. Há duas possibilidades, ambas com vantagens e desvantagens: perguntar ao próprio indivíduo ou a terceiros que convivem com ele. O meio mais comum é recorrer a relatos da própria pessoa, em que ela descreve suas principais características. Essa informação pode ser obtida diretamente, mediante entrevista, por exemplo, ou por meio de escalas ou testes psicológicos, em que ela deverá atribuir notas para o quanto se identifica com cada comportamento previamente listado em um questionário.

Os testes de personalidade utilizados em processos seletivos são de natureza diversa: alguns são desenvolvidos por consultorias, outros pelas próprias empresas e a maioria são testes psicológicos. Neste último caso, para ser considerado um teste psicológico, o instrumento precisa passar por avaliação e certificação periódicas no Conselho Federal de Psicologia (CFP), que emite pareceres sobre a validade dele, permitindo ou não sua utilização oficial. Somente profissionais de psicologia treinados e habilitados para tal podem aplicá-lo.

Um ponto fraco desses instrumentos é que o respondente pode mentir ou ser influenciado a dar uma resposta que acredita que o entrevistador, ou o gestor, vai gostar de escutar, visto que tem interesse em ser bem avaliado. Além disso, o entrevistado pode estar mal-humorado em decorrência de algo que tenha acontecido previamente com ele, pode estar nervoso ou estressado, pode já conhecer o teste e tentar direcionar o resultado etc. Todos esses fatores podem influir no relato que fará de si mesmo, não permitindo uma avaliação acurada de como de fato é sua personalidade. É importante ressaltarmos que os testes psicológicos, que passam pelo processo de validação no CFP e que utilizam uma metodologia científica de construção de seus parâmetros, têm maior capacidade de minimizar esse tipo de influência sobre os resultados, tornando-se mais fidedignos.

Outro fator importante para se poder avaliar a personalidade de um indivíduo é restringir a um número operacionalizável a quantidade de traços que se vai mensurar. Há uma infinidade de traços que compõem os mais variados tipos de personalidade; milhares já foram identificados em pesquisas, e seria impossível e contraproducente aos gestores identificar todos em suas particularidades. Para que seja possível operacionalizar e utilizar o conhecimento sobre as peculiaridades da personalidade humana pela gestão, foram desenvolvidos modelos que agrupam certos traços de personalidade em conjuntos maiores, de modo que, identificando-se alguns poucos fatores gerais, já se possa atribuir algum tipo de análise ou julgamento de que papel poderia ser mais bem desempenhado pelo trabalhador na empresa conforme suas características. Vamos conhecer um desses modelos?

Um dos modelos mais disseminados para identificação de traços de personalidade é o chamado de *Big Five*, também conhecido como **modelo de cinco fatores** ou como **fatores globais de personalidade**. Inicialmente desenvolvido em 1961 por Ernest Tupes e Raymond Christal, vem desde então sendo replicado e adaptado em diversas pesquisas semelhantes (Digman, 1990). Ele consiste em descobrir diversos traços de personalidade e agrupá-los em conjuntos mais genéricos por meio de uma ferramenta estatística denominada *análise fatorial*, isto é, busca-se classificar tais traços como pertencentes a um dos cinco grandes grupos (ou fatores) identificados, que são: (1) extroversão; (2) amabilidade, também chamado de *fator de sociabilidade* (Gondim; Siqueira, 2004); (3) consciência, também chamado de *fator de realização* (Gondim; Siqueira, 2004); (4) estabilidade emocional, também chamado de *fator de neuroticismo* (Gondim; Siqueira, 2004); e (5) abertura para a experiência. Vejamos cada um desses grupos com mais detalhes.

1. **Extroversão**: Robbins (2005) aponta que o primeiro grande conjunto de traços diz respeito ao nível de conforto que o indivíduo tem em se relacionar com outras pessoas. Indivíduos extrovertidos tendem a ser agregadores de outras pessoas, assertivos em suas comunicações e sociáveis; por outro lado,
os introvertidos são inclinados a ser mais reservados, introspectivos, tímidos e quietos.

2. **Amabilidade ou sociabilidade**: O segundo grande conjunto de traços, conforme Robbins (2005), tem a ver com a propensão individual a respeitar e considerar os outros, com as características de sinceridade, altruísmo, modéstia e ternura. Pessoas altamente amáveis têm tendência a concordar com os demais, ser cooperativas, carinhosas e confiáveis. Por outro lado, as que pontuam baixo nesse fator tendem a apresentar traços de personalidade como ser antagonistas, contraditórias, discordar com tranquilidade, não evitar confronto, além de mais frias nas relações interpessoais.

3. **Consciência, conscienciosidade ou realização**: O terceiro fator se refere, de acordo com Robbins (2005), ao conjunto dos traços de personalidade relacionados ao fato de a pessoa ser ou não confiável, isto é, diz respeito a traços de personalidade como ser responsável,

organizado, persistente, comprometido ou, ao contrário, ser distraído, desorganizado, irresponsável e não merecedor de confiança. Gondim e Siqueira (2004) afirmam que esses traços estão associados à competência, à ordem, ao cumprimento de deveres, à autodisciplina e à deliberação.

4. **Estabilidade emocional ou neuroticismo**: Robbins (2005) descreve esse quarto fator como sendo composto pelas habilidades de uma pessoa em lidar com o estresse, isto é, aquelas que em situações de crise conseguem permanecer calmas, autoconfiantes e seguras ou que, ao contrário, ficam nervosas, ansiosas, inseguras e depressivas, tomando decisões de forma impulsiva.

5. **Abertura para experiência**: Robbins (2005) menciona que entre esses traços de personalidade se incluem o interesse ou a fascinação pela novidade; pessoas abertas tendem a ser criativas, curiosas, em contraponto àquelas mais fechadas, que tendem a ser conservadoras e buscam a manutenção daquilo que já lhes é familiar.

E como podemos utilizar esse modelo de avaliação da personalidade para predizer o comportamento no trabalho? Robbins (2005) assinala que foi evidenciado em pesquisas que há relações entre esses cinco fatores de personalidade e o desempenho dos indivíduos no trabalho. Vamos refletir um pouco mais sobre isso.

O fator 3 (consciência, conscienciosidade ou realização) é composto pelos traços de personalidade que mais têm a ver com o bom desempenho no trabalho. De forma geral, indivíduos que têm tais traços tendem a ser confiáveis, cuidadosos, minuciosos, capazes de planejar, organizar, persistentes e orientados para a conquista de objetivos, por isso costumam apresentar um desempenho melhor que os demais em quase todos os tipos de cargos. Além disso, colaboradores que têm pontuação alta nesse fator desenvolvem níveis maiores de conhecimento sobre seu trabalho, provavelmente porque pessoas altamente conscientes tendem a se esforçar para aprender mais.

Esse fator também constitui uma dimensão de personalidade importante para o bom desempenho de gestores e funcionários que atuam na linha de frente, em contato direto com o cliente, visto estarem presentes características como persistência, organização, atenção ao detalhe e determinação de padrões altos de expectativa de desempenho. No entanto, exatamente por essas características, pessoas com personalidade muito conscienciosa não se adaptam facilmente a ambientes que mudam com rapidez, visto que criatividade, espontaneidade e impulsividade não são o ponto forte delas (Robbins, 2005).

Os outros fatores também têm implicações para o desempenho organizacional. Vejamos, por exemplo, o fator 1 (extroversão). Essa dimensão é caracterizada por traços de personalidade que pesquisas evidenciaram estar relacionados com um desempenho superior em cargos que demandam habilidades interpessoais, tais como lidar com pessoas, clientes, subordinados, falar em público, efetuar negociações, demonstrar persuasão, administrar conflitos e ser assertivo; portanto, trata-se de um tipo de personalidade que se relaciona a um bom desempenho de liderança. Pontos negativos dessa dimensão de personalidade, porém, estão ligados ao fato de que pessoas altamente extrovertidas tendem a ser mais impulsivas e a assumir mais riscos de forma não calculada (Robbins, 2005).

Já em relação ao fator 2 (amabilidade ou sociabilidade), pessoas que atingem pontuações altas nessa dimensão da personalidade tendem a ser mais simpáticas e agradáveis de se conviver e normalmente se saem melhor que as demais em cargos relacionados ao atendimento ao público ou ao consumidor. Além disso, por serem preocupadas com os demais e evitarem conflitos desnecessários, costumam se engajar em ações do que chamamos de *cidadania organizacional* (Robbins, 2005).

Perguntas & respostas

O que é cidadania organizacional?

Conforme Robbins (2005), é um comportamento valorizado e desejado pelas empresas que consiste em agir como cidadão da organização. Isto é, trata-se do comportamento do colaborador que procura contribuir para o ambiente psicológico da empresa com ações como ajudar aos outros mesmo quando não fizer parte de suas atribuições, apoiar e buscar a realização dos objetivos organizacionais, tratar os colegas com respeito, fazer sugestões construtivas e ter uma atitude positiva em relação ao ambiente de trabalho.

No caso do fator 4 (estabilidade emocional), pessoas com pontuação alta para traços de personalidade relacionados a essa dimensão tendem a apresentar maior satisfação no trabalho e menores níveis de estresse. Entretanto, aquelas pessoas cujas personalidades não correspondem fortemente a esse fator tendem a ser desconfiadas e a procurar pelo ponto negativo das coisas, por isso são mais vulneráveis aos efeitos físicos e psicológicos do estresse (Robbins, 2005).

Finalmente, em relação ao fator 5 (abertura para experiência), pessoas que obtêm altas pontuações nessa dimensão da personalidade tendem a ser mais criativas e inovadoras que as demais. Além disso, como criatividade constitui uma competência importante para a liderança, também tendem a ser bons líderes, pois sentem-se confortáveis com a ambiguidade e com a transformação constantes; assim, lidam melhor com a mudança organizacional e adaptam-se mais rapidamente quando necessário (Robbins, 2005).

Além das dimensões da personalidade descritas no modelo de cinco fatores, alguns outros traços de personalidade vêm sendo valorizados pelas organizações por serem percebidos como relacionados ao bom desempenho nos dias atuais. Robbins (2005) cita, por exemplo, o automonitoramento, a propensão ao risco e a proatividade. O **automonitoramento** se refere à capacidade individual de ajustar o comportamento aos fatores situacionais externos, isto é, ter o "jogo de cintura" necessário para interpretar as situações e agir conforme a demanda. Trata-se de uma característica de personalidades flexíveis, de indivíduos que conseguem comportar-se de forma diferente em diferentes situações e separar a personalidade pública da maneira como agem na vida privada. Pessoas com personalidade que apresenta traços de pouco automonitoramento tendem a demonstrar suas reais disposições, atitudes e opiniões em todas as situações; embora exista alta consistência entre o que pensam e como agem, não desempenham tão bem quanto as primeiras cargos que envolvem relações políticas dentro das organizações.

A **propensão ao risco** é outra característica valorizada pelas organizações, isto é, como a pessoa se relaciona com ele, se é disposta a assumi-lo ou se é mais precavida e tende a evitá-lo. Esse traço de personalidade varia basicamente em relação a quanto tempo e quanta informação são necessários para as pessoas tomarem uma decisão. Aquelas com alto grau de propensão ao risco tendem a decidir mais rápido e utilizam menos informação para embasar as escolhas. Já quem não lida muito bem com o risco tende a preferir angariar mais informações e, portanto, leva mais tempo para tomar decisões.

É importante resssaltar que ambos os traços de personalidade são vantajosos, conforme o tipo de cargo a ser desempenhado: líderes que trabalham em ambientes instáveis precisam estar dispostos a decidir rapidamente e a assumir responsabilidade pelos riscos que esse comportamento gera; por outro lado, em cargos que demandam atenção ao detalhe, ao controle ou que estejam relacionados à segurança, como o de auditoria, a propensão a correr riscos pode significar enorme desvantagem (Robbins, 2005).

Um terceiro traço de personalidade é a **proatividade**, a qual consiste em tomar iniciativa para melhorar a situação atual da organização, isto é, tem a ver com comportamento intraempreendedor. Pessoas proativas tendem a buscar identificar oportunidades, demonstrar iniciativa, implantar ações inovadoras, insistir e perseverar até que consigam implementar o que desejam. Além disso, tendem a criar mudanças positivas no ambiente de trabalho e a superar obstáculos com criatividade.

Quando identificadas com os objetivos organizacionais, pessoas de personalidade proativa são altamente valiosas para as organizações, pois atuam no sentido de inovar em produtos, serviços e processos que trarão maior eficiência e eficácia. No entanto, se elas não estiverem satisfeitas ou comprometidas com a organização, serão proativas para melhorar a situação particular de vida delas, buscando oportunidades em outros espaços, na concorrência ou até mesmo empreendendo negócios próprios. Além disso, tal insatisfação as leva (mais do que a outras pessoas) a se pronunciar contra as situações com que não concordam, além de desafiar as normas e regras já estabelecidas.

Em termos profissionais, de modo geral, pessoas que obtêm alta pontuação para o traço de personalidade correspondente à proatividade tendem a buscar mais informações em seus trabalhos, a desenvolver contatos e relações com pessoas que ocupam cargos altos na hierarquia organizacional, a se dedicar ao planejamento da própria carreira e a demonstrar persistência para superar obstáculos em seu crescimento profissional (Robbins, 2005).

Uma vez que já tratamos da personalidade, vamos agora nos voltar para os **valores**. Diferentemente dos traços de personalidade, que são tendências de comportamento das pessoas, eles são comumente descritos como sistemas de crença.

> **Perguntas & respostas**
>
> **O que são valores?**
> São as convicções básicas de uma pessoa e compreendem os julgamentos de valor do que é preferível, desejável, bom, bonito, valorizável, importante etc. São exemplos de valores: honestidade, liberdade, respeito próprio, sucesso, riqueza financeira, igualdade, bem-estar familiar, beleza estética.

Cada pessoa tem próprio **sistema de valores**, que constitui a ordem de importância que ela atribui aos diferentes valores. Os indivíduos aprendem e constroem tal sistema ao longo da vida, e grande parte da influência que recebem ocorre na infância. Embora na vida adulta as pessoas já tenham constituído um conjunto de valores relativamente estável e duradouro, é possível que a qualquer momento da vida, em alguma medida, elas o revejam e estabeleçam novas prioridades.

A importância para a área de comportamento organizacional de se estudarem os valores reside no fato de que eles se relacionam com as atitudes e as motivações das pessoas, além de influenciarem a forma como se percebe o mundo. Cada pessoa chega às organizações já com uma noção preconcebida de como as coisas deveriam ou não deveriam ser. Tal percepção é permeada por valores e conceitos que o indivíduo tem a respeito do que precisaria ser valorizado, cobrado, recompensado, aplaudido, repudiado, punido, enfim, expectativas de como tudo deveria funcionar antes mesmo de perceber como de fato é.

Desse modo, é importante que as organizações conheçam os próprios valores, isto é, a cultura organizacional, para que busquem atrair e reter colaboradores. Estes, mais que apenas reunir os traços de personalidade adequados para o desempenho das atividades de seus cargos, devem ter também sistemas de valores condizentes com os da organização.

Atualmente o comprometimento do colaborador com a organização vem sendo tão valorizado quanto o bom desempenho em um cargo específico. Isso porque, dadas a instabilidade do ambiente corporativo e as necessidades constantes de mudança e reestruturação, passam a ser valorizados colaboradores flexíveis e capazes de desempenhar diferentes atividades e de assumir diferentes cargos dentro da empresa. Para tanto, mais que ter traços de personalidade específicos para a boa *performance* em determinado cargo, os colaboradores precisam compartilhar valores semelhantes aos da empresa, isto é, estabelecer prioridades e atribuir importância àquilo que ela considera relevante bem como empenhar-se no sentido de garantir a realização desses interesses.

Por tudo isso, é importante que as organizações conheçam os valores dos colaboradores, pois os sistemas de valores influenciam atitudes, percepções e comportamentos, e o desempenho e a satisfação no trabalho tendem a ser melhores se houver identificação com os valores da organização.

Exercício resolvido

Convidamos você a acessar o *site* da empresa 3M no seguinte endereço eletrônico: <http://solutions.3m.com.br/wps/portal/3M/pt_BR/about-3M/information/about/us/>. Procure saber sobre a cultura organizacional dessa empresa. Reproduzimos a seguir algumas informações encontradas no *site*.

3M: Quem Somos

Uma companhia de tecnologia global e diversificada

A 3M é fundamentalmente uma companhia de base científica. Produzimos milhares de produtos imaginativos e somos líderes em números de mercados de atuação – de cuidados com a saúde e segurança no tráfego a produtos para escritório, abrasivos e adesivos. O sucesso da companhia começa com a habilidade de aplicar nossas tecnologias – frequentemente por meio de combinações – em uma variedade infinita de necessidades dos nossos clientes. Obviamente, tudo isso é possível devido às pessoas da 3M e ao seu compromisso único de tornar a vida das pessoas mais fácil e melhor no mundo todo.

Visão 3M

- Tecnologia 3M impulsionando cada empresa
- Produtos 3M melhorando cada lar
- Inovações 3M facilitando a vida de cada pessoa

> **Nossos valores**
> - Agir com honestidade e integridade inflexíveis em tudo o que fazemos.
> - Satisfazer nossos clientes com tecnologias inovadoras e qualidade superior, valor e serviço.
> - Oferecer retorno atraente aos investidores por meio de crescimento sustentável e global.
> - Respeitar o ambiente físico e social no mundo todo.
> - Desenvolver e reconhecer a diversidade de talentos, iniciativas e a liderança de nossos funcionários.
> - Conquistar a admiração de todos os envolvidos com a 3M em todo o mundo".

Fonte: 3M Brasil, 2015.

Você consegue identificar os principais valores da 3M? Se fosse gestor na empresa, procuraria contratar para sua equipe colaboradores com que traços de personalidade e com que valores?

Resposta:
Percebemos que inovação é um valor muito importante para a 3M, bem como criatividade e iniciativa. Além disso, verificamos que responsabilidade e sustentabilidade também são descritos como aspectos valorizados pela empresa.

Lembre-se dos fatores de personalidade que vimos no modelo *Big Five*. Colaboradores com personalidade extrovertida e aberta para novas experiências parecem se adequar melhor ao desempenho de atividades inovadoras e em ambientes com mudanças constantes. Talvez seja importante também procurar pessoas que, além desses traços, sejam conscienciosas, uma vez que a empresa valoriza respeito, responsabilidade e sustentabilidade.

Dado que se trata de uma organização que investe constantemente em novos produtos, talvez fosse interessante contratar colaboradores com traços de personalidade proativa e com propensão – ou pelo menos tolerância – ao risco, já que inovar demanda infinitas tentativas que vão acarretar acertos e erros. Em relação aos valores, seria importante atrair trabalhadores que também valorizassem a inovação em detrimento do conservadorismo.

3.2 Percepção

Como temos visto ao longo deste livro, o comportamento organizacional se preocupa em compreender a conduta dos indivíduos para poder antecipar e gerenciar a forma como devem agir nas organizações de modo a assegurar maior eficiência e eficácia.

Entre os aspectos subjetivos dos indivíduos que influem no comportamento, observamos que a personalidade e os valores que possuem determinam em grande parte a forma como agem. Porém, estas não são as únicas influências, visto que a maneira como percebem a realidade é elemento significativo para determinar como se comportam.

A percepção é a forma elementar do conhecimento, é o processo pelo qual organizamos e interpretamos o que vivenciamos no mundo; é aquilo que nossos órgãos sensoriais captam da nossa experiência, de modo a dar significado ao que nos cerca.

Perguntas & respostas

O que é percepção?
Conforme Robbins (2005, p. 24), trata-se do "processo pelo qual indivíduos organizam e interpretam suas impressões sensoriais a fim de dar sentido ao seu ambiente".

São vários os fatores que interferem na percepção: alguns são internos e nos fazem perceber as coisas de maneira enviesada, por exemplo, pelas atitudes, motivações, interesses, experiência prévia e expectativa; outros são relativos aos próprios objetos que percebemos, como a novidade, os movimentos que eles fazem, seus sons, seu tamanho, além de sua proximidade.

Isso significa que nossa percepção não corresponde a uma leitura perfeita da realidade, ou uma fotografia exata dela, mas que estamos sujeitos a interpretá-la de forma enviesada o tempo todo. Vamos ver alguns exemplos para entender melhor esse conceito?

Figura 3.1 – **Exemplos de ilusões perceptivas**

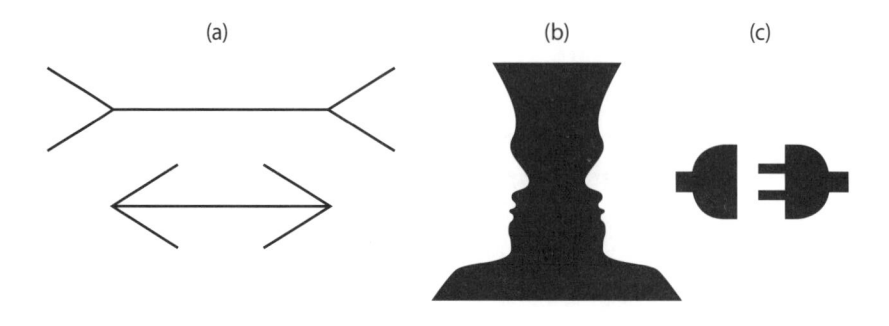

(a) (b) (c)

Fontes: (a) e (b): Adaptado de Bock; Furtado; Teixeira, 2001; (c): Meneghelli, 2012.

Observe as imagens (a), (b) e (c) que compõem a Figura 3.1. Vamos começar pela correspondente à letra (a): Qual linha é mais comprida, a superior ou a inferior? É comum percebermos a linha superior, com as pontas terminadas em ângulos abertos, como mais longa que a inferior, com as pontas terminadas em ângulos fechados, embora ambas tenham exatamente o mesmo tamanho.

Considere agora a imagem (b). O que você está vendo? À primeira vista, parece tratar-se de um vaso; porém, se observarmos o contorno dele, também poderemos encontrar duas faces de perfil olhando uma para a outra. Você consegue identificar o vaso e os perfis ao mesmo tempo? Essa é uma ilusão perceptiva comum, pois ora focalizamos a figura em preto e consideramos a parte branca como fundo, ora focalizamos a figura em branco e consideramos a parte na cor preta como fundo. Nossa percepção funciona dessa maneira: não conseguimos à primeira vista interpretar a figura em sua totalidade, realizamos uma interpretação imediata das coisas a que atribuímos sentidos considerando partes e aspectos dessa figura e desconsiderando outras.

Observe que o mesmo ocorre na imagem (c). Você enxerga primeiramente a letra *E* ou uma tomada sendo conectada? Essa é uma figura propositadamente ambígua – a empresa que trabalha com eletrônica desenvolveu o logotipo de modo a representar a letra *E*, de seu nome, e, ao mesmo tempo, representar graficamente sua área de atuação por meio da figura de um *plug* de energia. Interessante, não é?

O fato de existirem ilusões perceptivas demonstra que o que nossos órgãos sensoriais captam (por meio da visão, da audição, do tato e do olfato) nem sempre é igual ao que compreendemos, ou seja, a interpretação que fazemos dessas sensações é influenciada por vários outros fatores além da sensação em si. Nossa mente capta as informações sensoriais e as interpreta. Bock, Furtado e Teixeira (2001) comentam sobre o entendimento que a teoria da psicologia chamada *Gestalt* apresenta a respeito da percepção. Conforme as autoras, a teoria da *Gestalt* estabelece que, quando percebemos um objeto ou uma figura, temos uma tendência de interpretá-los dentro de uma rede de significados que já tenhamos desenvolvido, garantindo o entendimento daquilo que estamos percebendo. Esse fenômeno de nossa percepção seria guiado pela busca de fechamento, simetria ou regularidade (Bock; Furtado; Teixeira, 2001).

Isso significa que, quando percebemos algo, tendemos a interpretá-lo com base naquilo que nossos órgãos dos sentidos estão captando, atribuindo-lhe sentido de modo que nos seja familiar. A maneira como interpretamos os estímulos que recebemos provenientes de nossos orgãos sensoriais irá desencadear a forma como reagiremos a esse estímulo, ou seja, a maneira como iremos nos comportar.

Assim, nossos comportamentos, aos olhos de outras pessoas, podem parecer contraditórios porque não necessariamente guardam relação estrita com os estímulos que estamos recebendo (e que um observador externo também pode observar), uma vez que interpretamos a realidade de maneiras diferentes. Imagine uma jovem esposa que, ao encontrar uma meia marrom jogada atrás do sofá, tem como reação dar um grito alto e subir em uma cadeira. Um erro de percepção fez com que ela interpretasse aquele pequeno objeto felpudo marrom como se fosse um rato, e, mais que rapidamente, a resposta foi gritar e se proteger. Por que ela interpretou essa imagem como sendo a desse animal? Porque encontrar meias jogadas pela casa não era algo familiar a ela e, numa interpretação imediata, conforme seu sistema de referências, fazia mais sentido que aquela imagem fosse a de um rato que de uma meia.

> **Perguntas & respostas**
>
> **Como a percepção interfere em nosso comportamento?**
> O comportamento é a forma como reagimos aos estímulos. Porém, de acordo com a teoria da *Gestalt*, não os recebemos exatamente como se dão na realidade; nós os interpretamos e atribuímos sentido a eles buscando fechamento, simetria ou regularidade por meio do processo de percepção. Desse modo, não reagimos aos estímulos em si, mas à forma como eles são percebidos.

Vamos analisar agora possíveis fatores que influem na maneira como percebemos a realidade. Os significados que atribuímos aos estímulos que recebemos são fortemente influenciados pelas nossas **características pessoais**: nossa personalidade, nossas atitudes, nossas motivações, nossas experiências passadas e outras.

O **contexto** em que ocorrem o estímulo e a percepção também faz diferença. Ver alguém tomando um *drink* num bar sábado à noite pode ser percebido de forma completamente diferente do que presenciar a mesma cena em uma segunda-feira de manhã, por exemplo. Assim, o momento em que vivenciamos o estímulo, o dia e o horário também determinam a forma como vamos interpretá-lo, do mesmo modo que as condições de iluminação, temperatura, sons etc. também influenciam a interpretação que faremos dos estímulos que recebemos.

Alguns outros vieses de percepção merecem destaque. Vejamos primeiramente a **teoria da atribuição**, a qual procura explicar como julgamos as pessoas de formas diferentes dependendo do significado que atribuímos a determinado comportamento. Podemos interpretar esse comportamento como decorrente de fatores internos – ou seja, acreditamos que a causa dele é algo que as pessoas poderiam controlar – ou externos –, isto é, eventualidades que as levaram a agir daquela maneira e que não estão sob seu controle.

Conforme sinalizou Robbins (2005), a teoria da atribuição foca três aspectos que consideramos ao julgar o comportamento das pessoas: a distintividade, o consenso e a coerência. O primeiro se relaciona ao nosso julgamento de quão comum ou incomum é o comportamento que estamos observando, isto é, se a conduta daquela pessoa é daquela maneira perante qualquer estímulo ou somente diante de estímulos específicos. Comportamentos que não apresentam **distintividade** quando acontecem tendem a ser atribuídos a causas internas (Robbins, 2005). Por exemplo: quando um gestor costuma reagir expressando-se aos gritos com seus funcionários nas mais diversas situações, tendemos a atribuir esse comportamento agressivo a uma causa interna; já em uma situação diferente, em que outro gestor que jamais vimos gritando reage dessa maneira a uma conversa com um subordinado dele, temos a tendência de atribuir a causa a algo externo ao gestor e que o levou a agir desse modo.

O segundo aspecto da atribuição de causalidade do comportamento se relaciona com o **consenso**. Se uma pessoa se comporta da mesma maneira que a maioria delas diante de determinado estímulo, atribuímos quaisquer diferenciações a causas internas (Robbins, 2005). Por exemplo: se todos os funcionários se atrasam para retornar de um intervalo, tendemos a identificar uma causa externa para explicar isso; se apenas um ou outro não se atrasa, provavelmente vamos atribuir a causa dessa discrepância perante os demais a fatores internos – algum diferencial que os sujeitos apresentavam e que fez com que tivessem controle sobre aquela situação (Robbins, 2005).

O terceiro fator da teoria da atribuição se relaciona com a **coerência** e diz respeito ao fato de o comportamento de uma pessoa ser consistente ao longo do tempo. Posturas assim tendem a ser explicadas como causadas por fatores internos, relacionados às características dela mesma. Entretanto, quando a pessoa age de forma diferente do que costuma normalmente fazer, tendemos a atribuir a causa a fatores externos que a estariam levando a ter aquela postura (Robbins, 2005). Por exemplo: um funcionário que consistentemente demonstra ótimo desempenho em rodadas de negociação com clientes tem um comportamento diferente disso em determinado dia, ou seja, fica calado durante boa parte da reunião e simplesmente acata todas as imposições do cliente. Tendemos, nessa situação, a atribuir a causa dessa atitude a algum fator externo, como se esse funcionário tivesse de alguma forma sido levado a agir assim naquele dia.

Há alguns pontos interessantes a respeito da teoria da atribuição. Tendemos a perceber discrepâncias e contradições em nosso comportamento como decorrentes de causas externas; todavia, quando julgamos os outros, costumamos sobrevalorizar as causas internas. Este seria o que Robbins (2005) chama de *erro fundamental de atribuição*, que pode explicar por que tendemos a ser mais duros no julgamento que fazemos do comportamento dos outros e mais leves naquele que fazemos de nós mesmos (ou das pessoas com quem nos identificamos, como nossa família, nossa equipe ou nossa organização).

Agimos com relação ao sucesso de modo semelhante. Quando se trata de nossos resultados positivos, nós os atribuímos a fatores internos: nosso mérito, nosso esforço, nossa inteligência, nossa competência e outros. Já quando julgamos o sucesso alheio, tendemos a associá-lo a fatores externos. Por exemplo, se nosso colega recebe uma promoção à qual também concorríamos, tendemos a acreditar que ele foi favorecido, que era o preferido do chefe, que estava em um bom dia, que teve sorte com as questões que foram cobradas na prova, enfim, elementos externos que explicariam o sucesso dele.

Além do erro fundamental de atribuição, há vários outros atalhos que nossa percepção utiliza para atribuir significado aos estímulos que recebemos e que acabam enviesando a forma como julgamos os outros, isto é, que levam a julgamentos tendenciosos, como a percepção seletiva, o efeito halo, o efeito de contraste e os estereótipos. Vejamos cada um desses fatores.

- **Percepção seletiva:** Relaciona-se ao fato de que, como é impossível captar todos os estímulos que estão a nossa volta, tendemos a selecionar apenas alguns para interpretar. No entanto, essa escolha não ocorre ao acaso, tendemos a perceber os estímulos de acordo com nossos interesses, nossa experiência, nossa história e nossas atitudes, o que traz como desvantagem o fato de só percebermos o que estamos dispostos a perceber (Robbins, 2005). Por exemplo: um colaborador que está se sentindo estagnado em sua carreira de repente começa a observar que colegas, familiares, amigos de faculdade e até mesmo amigos de infância têm recebido promoções. É muito pouco provável que todos os conhecidos dele estejam de fato sendo simultaneamente promovidos – a realidade é que pessoas são promovidas o tempo inteiro –, mas, como esse é um tema que está no interesse do colaborador nesse momento, ele tende a perceber tal informação em qualquer lado que olhe e tem a impressão de que todos, menos ele, estão sendo elevados a um patamar superior no trabalho.

- **Efeito halo**: Diz respeito a um viés de percepção no qual tendemos a julgar as partes pela impressão que temos do todo, ou seja, se temos uma impressão inicial de que alguém é um bom líder, a tendência é percebermos as características específicas que condizem com essa percepção geral. É o caso, por exemplo, de percebermos alguém que se comunica bem, tem conhecimento técnico do trabalho e não identificarmos atributos contraditórios, entre os quais o de ser um péssimo delegador de responsabilidade, ser centralizador etc. O efeito halo, portanto, faz com que nossa impressão geral de algo contamine o olhar das partes específicas (Robbins, 2005).

- **Efeito de contraste**: Refere-se ao fato de que percebemos as coisas de forma comparativa e a influência momentânea dessa comparação determina nossa impressão. Por exemplo: uma equipe composta por colaboradores de bom desempenho pode ser percebida como mediana se contiver um único integrante cuja *performance* seja fantástica, muito melhor que a dos demais; por sua vez, uma equipe cujos membros tenham todos bom desempenho pode ser identificada como boa, recebendo uma avaliação até melhor que a primeira. Assim, nossa percepção é influenciada não apenas pelo que estamos comparando e que está presente naquele momento, mas também por coisas que recentemente vimos.

- **Estereótipos**: Como nossa percepção tende a buscar regularidade e generalizar estímulos, tendemos a julgar as pessoas conforme julgamos o grupo do qual percebemos que ela faz parte. Esse atalho pode ser vantajoso em alguns casos, porém extremamente prejudicial em outros, pois acarreta discriminação e preconceito. Por exemplo: pode ser vantajoso assumir que um colega que trabalha no departamento jurídico da empresa tenha conhecimento sobre tributação e então procurá-lo quando temos alguma dúvida acerca de descontos na folha de pagamento; nesse caso, estamos pressupondo que, por fazer parte de um grupo que percebemos que tem acesso a essas informações, nosso colega também o terá. O problema do estereótipo é quando a generalização é realizada com base em fatores que não se relacionam ao desempenho direto da função, tais como gênero, idade, etnia, religião e aparência física.

Importa que você esteja atento para o fato de que os erros de percepção descritos se relacionam com a forma como julgamos as outras pessoas. É significativo demarcar esse ponto, pois a seguir vamos refletir sobre como nossa percepção influencia nossa tomada de decisão, destacando também outros tipos de vieses perceptivos.

3.3 Tomada de decisão

Tomamos decisões quando nos deparamos com um problema, isto é, em ocasiões nas quais o estado atual das coisas não corresponde ao desejado e temos de considerar diferentes alternativas. Imagine que você tenha um *e-mail* importante e urgente para responder e, quando vai escrevê-lo, percebe que a conexão de internet do seu escritório está falhando. Surgiu um problema, e você terá de identificar soluções possíveis, ou seja, terá de tomar decisões.

E como a percepção se relaciona com o processo de tomada de decisão? Perceber que há um problema é o primeiro passo; aqui entram em jogo as diferenças individuais, pois aquilo que é problema para uma pessoa pode não ser para outra. Além disso, como toda decisão demanda que interpretemos e avaliemos informações e como as recebemos em grande volume de todos os lugares no dia a dia, a percepção e as diferenças individuais determinarão o que chamará nossa atenção entre todos esses dados e o que passará despercebido. Também as possíveis alternativas de resolução do problema que consideraremos serão aquelas que passarem pela peneira da nossa percepção.

Desse modo, durante todas as etapas do processo de decisão nossa percepção exercerá influência, causando distorções perceptivas que vão enviesar nossas análises e tornar tendenciosas nossas conclusões. A essa questão denomina-se *problema da racionalidade limitada* (Robbins, 2005) – é impossível para nós tomar uma decisão de modo completamente racional e objetivo, visto que nossos processos subjetivos sempre influenciam esse processo, mesmo que não nos demos conta disso.

Existem, no entanto, formas de tentar amenizar as tendências e vieses individuais de percepção no processo de tomada de decisão. Com elas podemos proceder a escolhas da maneira mais bem informada e racional possível, melhorando a qualidade das opções feitas. Vamos conhecer algumas dessas ferramentas?

Robbins (2005) apresenta um modelo de tomada de decisão racional que indica seis passos para nos auxiliar a fazer escolhas de melhor qualidade:

1. Defina o problema que precisa ser resolvido.
2. Identifique os critérios de decisão (qualidade, custo, rapidez etc.).
3. Atribua pesos para cada critério de decisão (defina qual é mais importante. Você prefere privilegiar uma alternativa que seja rápida? Que seja a mais barata? Que seja a que vai trazer melhor retorno a longo prazo?).
4. Desenvolva alternativas – busque o máximo de informações possível para pensar soluções para o problema.
5. Avalie as alternativas.
6. Selecione a melhor alternativa.

Outra ação que podemos realizar é conhecer os vieses de percepção que mais comumente influenciam nosso julgamento, de modo a estarmos mais alertas para seus efeitos. Vejamos, então, algumas dessas distorções perceptivas citadas por Mlodinow (2009) e Robbins (2005).

- **Viés de excesso de confiança:** Também é conhecido como a tendência de sermos demasiadamente otimistas, de confiarmos demais em nossa habilidade e desempenho. Pode ser prejudicial no processo de tomada de decisão, pois, quando estamos confiantes, comumente deixamos de nos preparar ou nos informar o suficiente para a tarefa que deve ser realizada.
- **Viés de ancoragem:** Relaciona-se a uma tendência de permanecermos fixados em uma impressão ou informação inicial e desprezarmos informações subsequentes que poderiam ser contraditórias à inicial. Esse erro de julgamento se dá porque nossa percepção tende a dar ênfase desproporcional às primeiras informações que recebemos sobre algo. O viés de ancoragem é comum em decisões que envolvem negociação, em que nos

fixamos nas propostas iniciais e temos dificuldades em reavaliar as subsequentes, ainda que levem em consideração informações que não tínhamos na primeira rodada de negociações.

- **Viés de confirmação**: Esse erro de percepção e julgamento se constitui em um caso específico de percepção seletiva. Em um processo de tomada de decisão, tendemos a considerar e a aceitar mais informações que confirmem ideias preconcebidas ou escolhas que já tenhamos realizado no passado e a não prestar tanta atenção em informações que as contradizem ou sermos críticos ou críticas em relação a estas últimas. É comum até mesmo que procuremos fontes ou pessoas que com maior probabilidade nos digam aquilo que queremos ouvir.

- **Viés de disponibilidade**: Refere-se à tendência de realizarmos julgamento com base em informações que estão mais disponíveis, isto é, que são mais presentes, mais recentes, mais "frescas" em nossa memória. Imagine uma empresa que trabalha com a venda de diversos produtos, todos com qualidade semelhante e mesma taxa de reclamação e devolução dos clientes. No entanto, nas últimas duas semanas, determinado colaborador, por uma questão aleatória, atendeu a reclamações de cinco clientes, todas relacionadas ao mesmo produto. De acordo com o viés de disponibilidade, é de se esperar que ele tenha uma tendência a acreditar que tal produto é pior que os demais, mesmo que, na média anual, todos apresentem a mesma taxa de reclamação.

- **Viés de escalada de comprometimento**: Refere-se à tendência de permanecermos comprometidos com decisões anteriormente tomadas, mesmo quando temos acesso a informações que evidenciam que outros encaminhamentos poderiam ser melhores ou que estamos errados. Quanto mais insistimos em uma decisão, mais investimos nela, maior nossa resistência em abandoná-la. É uma dificuldade natural relacionada ao fato de termos de admitir nossos equívocos. Em alguns casos, quando nos damos conta de que podemos estar enganados, investimos ainda mais tempo e energia na nossa decisão inicial a fim de tentar fazer com que ela dê certo, justamente para não precisarmos admitir nosso erro; com isso, acabamos por insistir em algo que descobrimos que não era a melhor alternativa.

- **Erro de aleatoriedade:** Refere-se à tendência de acreditarmos que podemos prever e controlar o resultado de eventos aleatórios, ou seja, que estão fora do nosso controle. A superstição é um exemplo. Quer outro? Imagine um colaborador que por três sextas-feiras consecutivas tentou falar com seu gestor e teve como reação respostas negativas às solicitações que fazia. Por uma percepção errônea, ele passa a acreditar que sexta-feira não é um bom dia para fazer qualquer pedido à gerência e, segundo o erro de aleatoriedade, passa a acreditar que deve fazê-lo em outros dias, menos às sexta-feiras. Vale observar que o fato de ter recebido respostas negativas nesses dias é provavelmente aleatório e que isso ocorreria de qualquer maneira, mesmo se as reuniões acontecessem em outros dias.
- **Aversão ao risco:** Refere-se à tendência de preferirmos algo que nos traga um ganho certo a algo duvidoso. Como vimos quando estudamos os traços de personalidade, as pessoas variam em relação a quão dispostas estão a assumir riscos – algumas são extremamente impulsivas, e outras, bastante conservadoras.

A postura de evitarmos riscos nos leva a fazer escolhas que sejam mais seguras e tragam ganhos moderados, em detrimento daquelas mais arriscadas, porém com possibilidade de ganhos maiores.

O processo de tomada de decisão jamais será completamente racional e objetivo, dadas as condições subjetivas e as características pessoais que interferem em nossa percepção e escolha. Porém, conhecer um pouco sobre os prováveis erros e tendências que nos influenciam já é um primeiro passo para ficarmos mais atentos às informações e às alternativas possíveis, de forma a tomarmos decisões de melhor qualidade.

Não são, no entanto, somente as características dos indivíduos que influem no processo de tomada de decisão em uma organização. Existem aspectos impostos por ela que determinam fortemente a maneira como os indivíduos tomam decisões nesse contexto. Citamos, por exemplo, as formas e critérios que a organização utiliza para avaliar o desempenho dos colaboradores, os mecanismos de recompensa, benefícios e promoções, bem como as normas, metas e prazos que estabelece (Robbins, 2005). Vejamos cada um desses aspectos.

Pense no sistema de avaliação de desempenho de sua empresa, por exemplo. Quais critérios são considerados? Se você é avaliado por fazer o trabalho com agilidade e recebe boas notas por entregar resultados antes do prazo, é provável que o quesito "menor tempo" seja determinante na escolha das alternativas que você tem de levar em conta na hora de tomar uma decisão, correto? Por outro lado, se você perde pontos caso cometa erros, gere falhas, refugo ou desperdícios, provavelmente o critério que será mais importante na hora de buscar alternativas de ação seja "maior qualidade" e não "menor tempo", uma vez que, normalmente, alternativas de ação que resultam em soluções de melhor qualidade consomem mais tempo e recursos para serem atingidas. O ponto aqui é que, dependendo do que nos é cobrado pela organização, privilegiaremos um conjunto de aspectos em detrimento de outros, e isso influenciará as escolhas que faremos.

O mesmo ocorre com o sistema de recompensas que a organização adota. Que critérios são bem vistos e que levam os colaboradores a ser promovidos, receber aumentos, benefícios e até mesmo elogios dos gestores? Aquilo que é recompensado é incentivado e, portanto, influi na tomada de decisão dos colaboradores, já que sugere as ações que lhes trarão vantagens naquele contexto corporativo.

As normas, metas e prazos estabelecidos são outro exemplo claro de como a organização influencia a decisão do colaborador. Nesses casos, já estão preestabelecidos por normas, metas e prazos os cursos de ação que ele deve tomar, bem como o tempo para fazê-lo – o que também restringe o processo. Aqui não há espaço para tomada de decisão, esta já está definida e é apenas repassada para que o indivíduo a cumpra.

Além de todos esses fatores, não podemos nos esquecer dos precedentes históricos (Robbins, 2005). As decisões e os resultados que trouxeram no passado tendem a ser repetidos ou evitados e a influenciar as decisões no presente; assim, a história de uma organização fica marcada na cultura dela e é mais um fator que determina a tomada de decisão.

3.4 Aprendizagem

Como vimos no Capítulo 1, o momento atual, a era da informação, é marcado pela concorrência e pela volatilidade do mercado. Isso faz com que, para sobreviverem e serem sustentáveis no longo prazo, as organizações precisem se reinventar constantemente: inovar em produtos e serviços, mudar e promover melhorias em processos e tecnologias, renovar permanentemente métodos e técnicas de trabalho. Essas condições fazem com que também os profissionais precisem estar em constante atualização a fim de garantir competitividade e sustentabilidade para as organizações nas quais atuam.

Essa realidade leva ao que chamamos de **necessidade de educação continuada**. Hoje não basta obtermos um título de educação superior, por exemplo; é preciso que continuemos nos aprimorando e nos inteirando de novos conhecimentos, tecnologias e processos de nossa área de atuação ao longo de toda a vida profissional. Esse contexto tem levado empresas a olhar com interesse a formação continuada dos colaboradores. É comum identificarmos algumas que contribuem financeiramente para o aperfeiçoamento profissional de seus recursos humanos, por meio, por exemplo, de bolsas de estudo em instituições de ensino formal. Outra alternativa que também adotam é preparar e desenvolver por conta própria os funcionários, com treinamentos e formação voltados para oferecer conhecimentos, habilidades e atitudes que desejam que a equipe tenha.

A maneira como os líderes interagem com seus subordinados no dia a dia profissional também é uma forma importante de desenvolvimento dos recursos humanos de uma organização. Aquilo que cobram, recompensam, premiam, elogiam, encorajam, incentivam e reforçam ou aquilo que repreendem, desencorajam, reprimem e punem são os critérios que são aprendidos pelos colaboradores como o que é bem visto ou mal visto na organização e que, portanto, deve ou não deve ser feito no trabalho.

Estas são, portanto, algumas das formas por meio das quais as pessoas aprendem os comportamentos adequados e os melhores cursos de ação a serem tomados no trabalho: por meio do ensino formal, realizado em cursos técnicos, tecnológicos ou superiores em instituições de ensino regulamentadas; por meio de treinamentos planejados pela própria organização, que podem ocorrer em formato de cursos, aulas, palestras, treinamentos de integração, treinamentos práticos, simulações, rodízio de atividades, estágios, entre outros; e, finalmente, por meio da ação dos líderes no dia a dia de trabalho, ao interagirem com suas equipes, com base naquilo que incentivam e reprimem.

Existe um número bastante grande de teorias sobre como as pessoas aprendem. Para os propósitos deste livro, que consistem na elucidação sobre o comportamento organizacional, vamos abordar a **mudança da postura dos colaboradores por meio de consequências**. Trata-se de um modelo que busca explicar como os indivíduos aprendem – o qual tem como base a teoria comportamental ou behaviorista da psicologia – e como as organizações e os líderes atuam para promover o desenvolvimento de comportamentos que consideram mais eficientes e desejáveis.

A teoria comportamental da psicologia, conforme assinalam Bock, Furtado e Teixeira (2001), dedica-se a estudar as interações entre o indivíduo e seu ambiente, isto é, as ações dele (suas respostas) aos estímulos e consequências provenientes do contexto em que se insere. Dentre os vários conceitos e explicações formulados por essa teoria, os mais utilizados – e que melhor fundamentam as práticas organizacionais de modificação do comportamento por meio de consequências – são os de estímulo e resposta, o comportamento respondente e o comportamento operante, o reforçamento, a punição, a esquiva e a extinção. Vejamos em que consiste cada um.

O **comportamento respondente** diz respeito às respostas de nosso organismo que são reflexos automáticos e reações a estímulos do meio externo e que não dependem de aprendizagem. Nascemos programados para tê-los, como ocorre quando nossas pupilas dilatam na presença de luz, quando salivamos ao visualizar certos alimentos ou no caso do comportamento de prensão das mãos que mesmo bebês recém-nascidos realizam quando sentem algo ser colocado nelas.

Já o **comportamento operante** refere-se não às reações de nosso organismo em relação aos estímulos do ambiente, mas ao agir sobre o mundo, provocar mudanças nele. Trata-se de uma atitude intencional que visa atingir um objetivo; age-se esperando obter uma resposta externa.

Assim, temos dois conceitos fundamentais da teoria comportamental: **estímulos** e **respostas**. Os primeiros, normalmente representados pela letra S (*Stimuli*), são aquilo que ocorre ao nosso redor; as respostas, por sua vez, indicadas pela letra R, são os comportamentos que emitimos.

Desse modo, no comportamento respondente, temos um estímulo (S) que leva a uma resposta de nosso organismo na forma de um comportamento (R). Isso é representado por: S➔R. Já no comportamento operante, temos um comportamento (R) que provoca uma mudança no ambiente (S). Nesse caso, a relação é inversa: R➔S. Aqui, o estímulo (S) que recebemos como consequência de nosso comportamento pode ser algo que nos agrada, que nos desagrada ou que não acarreta nenhuma diferença para nós.

Quando esses estímulos nos trazem desdobramentos agradáveis, prazerosos, desejáveis, caracterizam-se como reforçadores de nosso comportamento, pois tendem a aumentar a chance de agirmos desse modo novamente, sendo, portanto, chamados de **reforço**. Existem dois tipos de estímulos reforçadores: o reforço positivo e o negativo. Isso se deve ao fato de que um comportamento pode trazer uma consequência boa, positiva, agradável (reforço positivo) e também fazer com que nos livremos de algo ruim ou desagradável (reforço negativo), mas que também tem como resultado algo que nos parece bom e que, portanto, aumenta a chance de emitirmos esse mesmo comportamento no futuro.

Vejamos dois exemplos. Um colaborador, ao perceber o excesso de demanda em um dia específico de trabalho, ofereceu-se voluntariamente para fazer hora extra; o gestor apreciou sua atitude e o elogiou. O comportamento de se voluntariar para trabalhar até mais tarde trouxe para o funcionário uma consequência positiva: ganhou um elogio, e isso foi prazeroso para ele. O elogio funcionou como um reforço positivo e aumentou as chances de que ele repita esse comportamento no futuro. O reforço negativo funciona de forma um pouco diferente: traz como consequência o fato de conseguirmos nos livrar de algo ruim, que incomoda, machuca, causa desconforto, ansiedade ou qualquer tipo de desprazer. Descalçar um sapato apertado traz reforço negativo, isto é, ainda reforça nossas chances de realizar esse comportamento novamente no futuro, mas não com algo bom, e sim nos livrando de algo ruim.

No entanto, numa relação R➔S, nem sempre vamos ter somente desdobramentos que reforçam nosso comportamento, isto é, que aumentam a chance de repeti-lo. Se, ao agirmos de determinado modo, tivermos como consequência estímulos ruins, desagradáveis, dolorosos, desprazerosos etc., nossa chance de nos comportarmos assim diminuirá. A esses tipos de estímulos resultantes de nosso comportamento denominamos **punição**. Quando aprendemos que certas posturas nos trarão estímulos que são punitivos ou aversivos, desenvolvemos uma tendência a evitá-los, a nos esquivarmos deles, deixando de assumir atitudes que estão associadas a esse tipo de consequência.

Exercício resolvido

Imagine que, numa reunião de negócios, um dos gestores seniores faz uma pergunta e um dos colaboradores mais novos, na ânsia de querer participar e demonstrar proatividade, responde o que acha a respeito do que foi questionado. O gestor se vira para ele e, em tom seco e rude, diz: "Você não está aqui para achar nada, e sim para executar o que seus gestores lhe delegam".

Vamos analisar o que aconteceu?
a) Identifique qual foi o comportamento emitido pelo colaborador (R).
b) Identifique qual foi o estímulo que ele recebeu como consequência desse comportamento (S).
c) Identifique se foi uma consequência reforçadora ou aversiva.
d) A probabilidade de o colaborador repetir esse comportamento aumenta ou diminui após essa consequência?

Resposta:
R→S
R: O comportamento foi responder à pergunta, tentar participar ativamente da reunião.

S: Um resposta grosseira do gestor, que provavelmente fez com que ele se sentisse embaraçado e envergonhado perante os demais.

Para a maioria das pessoas, essa seria uma consequência aversiva, que tentaríamos evitar. Se aprendermos que falar em reuniões com os gestores trará consequências que são aversivas, provavelmente nas próximas ficaremos calados e guardaremos nossas opiniões para nós mesmos.

Portanto, se os gestores desejam que os colaboradores sejam intraempreendedores, proponham ideias inovadoras, encontrem soluções novas para produtos, serviços e processos e contribuam para o desenvolvimento organizacional, devem cuidar para que no dia a dia, na interação com os funcionários, não emitam punições que os levem a evitar se comportar de maneira proativa, como aconteceu com o gestor do exemplo apresentado.

De modo simplificado, podemos dizer que aprendemos com base nas consequências que obtemos quando assumimos determinada postura. Comportamentos que nos trazem recompensas tendem a ser repetidos, e os que acarretam punições, a ser evitados. Este é o aprendizado operante: cada um de nós, ao longo da vida, vai experimentando os mais diversos tipos de estímulos, respostas e consequências e vai identificando o que deve fazer para obter aquilo que deseja no futuro.

No entanto, não aprendemos somente com a nossa própria experiência – com o que aconteceu conosco –, mas também com aquilo que vemos ocorrer com os outros ou que nos contam como isso se deu. A isso chamamos de **aprendizagem social** (Schultz; Schultz, 2011). De acordo com esses autores, trata-se de uma teoria desenvolvida pelo psicólogo Albert Bandura, que considera que podemos aprender tanto pela nossa experiência direta quanto de forma vicariante, isto é, por meio da observação das outras pessoas e das consequências que obtêm com o comportamento delas. Desse modo, a aprendizagem também se daria pela socialização. Assim, grande parte das nossas aprendizagens seria fruto dos modelos sociais já existentes, os quais aprendemos ao vermos os outros agirem com base neles ou ainda pelo que os outros nos dizem que é o curso de ação que trará as recompensas mais desejáveis (Schultz; Schultz, 2011).

A implicação desses conhecimentos sobre aprendizagem para gestores e líderes é a compreensão de que o comportamento dos colaboradores pode ser gerido por meio das recompensas que recebem. Assim, aquele comportamento bem visto pela organização deve ser encorajado, elogiado, recompensado financeiramente e trazer consequências positivas para quem assim age. Por outro lado, o comportamento malvisto e que se deseja eliminar deve ser penalizado, de modo a desestimular as pessoas a ter tal postura.

Como as pessoas não aprendem somente por experiência própria, é importante que gestores e líderes informem quais são os comportamentos esperados e desejados na organização, bem como as possíveis recompensas e consequências positivas que as pessoas vão obter ao agirem assim.

E mais importante: para que o aprendizado seja de fato significativo, é necessário que aquilo que a liderança divulga seja realmente o que é cobrado e recompensado; afinal, não deve haver incongruência entre o que está sendo dito e o que está sendo feito.

3.5 Motivação

Temos visto ao longo deste livro que a produtividade sempre foi uma preocupação dos gestores de empresas. Descobrir os fatores que podem torná-las mais produtivas é objeto de pesquisa em diversas disciplinas. A parte do comportamento organizacional que talvez se relacione mais diretamente com esse tema é aquela que estuda a motivação.

Vários autores da área apresentam conceitos de motivação e concordam que ela corresponde ao esforço que estamos dispostos a fazer para atingir um objetivo (Chiavenato, 2005; Cohen; Fink, 2003; Robbins, 2005; Schermerhorn Junior; Hunt; Osborn, 2005; Wagner; Hollenbeck, 1999). Isso significa que, quando estamos muito motivados, nos dispomos a fazer grande esforço para alcançar determinado objetivo; o inverso é verdadeiro: quando não há motivação, a disposição não é tão grande assim.

Um pressuposto do comportamento organizacional é que pessoas motivadas são potencialmente mais produtivas que as desmotivadas, daí a importância de gestores e líderes de equipes entenderem o que é, como funciona e quais os fatores que influenciam o processo motivacional.

De acordo com Robbins (2005), motivação é o processo responsável pela intensidade, persistência e direção dos esforços de uma pessoa para atingir um alvo. É importante ressaltarmos que são estas as três características (ou qualidades) que podemos observar em relação ao **esforço**. Vejamos cada uma delas.

A **intensidade** diz respeito ao tamanho do esforço, e a **persistência** refere-se à dimensão temporal dele, ou seja, uma pessoa pode estar disposta a se esforçar intensamente para alcançar um objetivo, no entanto pode ser que tente apenas uma única vez e, se não conseguir, não irá insistir; pode ser também que esteja disposta a realizar várias tentativas até atingir a meta, ainda que leve um longo período de tempo. A **direção** do esforço, por sua vez, relaciona-se ao caminho que a pessoa escolherá seguir a fim de atingir o objetivo desejado e associa-se ao que vimos sobre a aprendizagem.

> **Perguntas & respostas**
>
> **O que é a intensidade da motivação?**
> É a magnitude do esforço que se despende para alcançar determinado objetivo. Nesse sentido, varia desde um esforço muito fraco até outro muito forte.
>
> **O que é a persistência da motivação?**
> É a quantidade de tempo durante o qual o esforço é mantido. Nesse sentido, varia desde um esforço do qual rapidamente se desiste até outro que se permanece realizando por um longo tempo.
>
> **O que é a direção da motivação?**
> É o curso de ação ou caminho ao qual se dirige o esforço.

Existem muitas teorias que buscam explicar as variações em cada uma dessas qualidades da motivação. Examinaremos neste capítulo as principais, mas antes vamos analisar o processo básico de motivação, representado na Figura 3.2.

Figura 3.2 – **Processo básico de motivação**

```
                  ┌──────────────────────┐
                  │                      ↓
                              ┌─────────────────┐
                              │  Necessidade    │
                              │  não satisfeita │
                              └─────────────────┘
                                       ↑
┌──────────────┐   ┌───────┐   ┌─────────┐   ┌──────────────┐
│ Necessidade  │→ │ Tensão │→ │ Vontade │→ │ Comportamento│
│ não satisfeita│  └───────┘   └─────────┘   │  de busca    │
└──────────────┘                              └──────────────┘
      ↑                                              ↓
                                              ┌─────────────────┐
                                              │  Necessidade    │
                                              │   satisfeita    │
                                              └─────────────────┘
   ┌─────────┐                                        ↓
   │ Próxima │                                 ┌─────────────────┐
   └─────────┘                                 │   Redução da    │
      └────────────────────────────────────────│     tensão      │
                                               └─────────────────┘
```

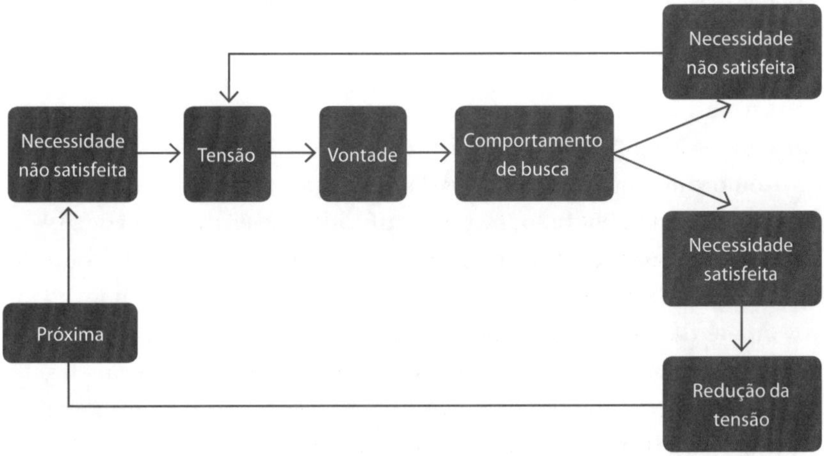

Fonte: Adaptado de Robbins, 2005; Chiavenato, 2005.

A Figura 3.2 apresenta de forma esquemática o funcionamento do processo motivacional: começa com uma necessidade não satisfeita (1), que gera uma tensão (2), que produz uma vontade (3), que leva a um comportamento de busca (4), que pode conduzir à satisfação da necessidade inicial (5) ou não (6). Se o comportamento de busca não resultar em satisfação da necessidade, a tensão (2) continuará a existir; logo, o processo reiniciará a partir da vontade (3). Se, por outro lado, a necessidade for satisfeita, ela deixará de gerar tensão (7) e dará espaço para que novas necessidades (8) comecem a se expressar.

De forma bastante simplificada, podemos dizer que o processo de motivação se inicia a partir de uma necessidade não satisfeita. As necessidades aparecem em situações nas quais vivenciamos um desequilíbrio de ordem fisiológica (quando, por exemplo, as células de nosso corpo estão privadas de água ou alimentos) ou psicológica (quando nos sentimos sozinhos, frustrados, desamparados etc.); variam o tempo todo em cada pessoa e de pessoa para pessoa também; surgem no interior de cada indivíduo e dependem do que cada um vivenciou e está vivenciando naquele momento. O que nos move é aquilo que nos falta. Se estamos com fome, vamos em direção a algo que sacie a fome; se estamos carentes, buscamos o que nos pode trazer carinho e afeto; se estamos frustrados, movemo-nos em direção a algo que nos faça sentir realização. Estes são apenas alguns exemplos de necessidades e de como impulsionam nossa ação. A necessidade não satisfeita é, pois, um estímulo interno que nos faz sentir algum tipo de tensão, a qual é o modo pelo qual a necessidade se manifesta em nossos órgãos dos sentidos (um desconforto, uma dor ou algo muito sutil, como uma ansiedade).

Como vimos quando tratamos da percepção, fazemos a interpretação dessa sensação, atribuindo-lhe um significado, isto é, uma vontade. Assim, por exemplo, uma tensão que aparece como uma sensação de desconforto na região do estômago pode ser percebida como fome, surgindo, assim, a vontade de comer algo específico. A vontade já é um primeiro passo para o direcionamento que daremos ao nosso esforço, ou seja, elegeremos um comportamento que, acreditamos, nos levará ao atingimento de nosso objetivo: sanar a necessidade insatisfeita.

Vamos, então, efetivamente tomar uma atitude e, caso ela atinja o objetivo esperado, nossa necessidade inicial terá sido satisfeita; logo, a tensão também se encerrará. Todavia, se não resolvermos aquilo que estava gerando tensão, continuaremos a ser impelidos a agir para acabar com o que está nos incomodando.

Estudo de caso

A fome é um exemplo interessante para compreendermos melhor o processo motivacional. Imagine que você esteja terminando seu turno de um longo dia de trabalho, almoçou há mais de cinco horas e é provável que esteja começando a sentir fome. Como a fome aparece para você? Como sabe que está com fome?

Algumas pessoas sentem um desconforto na região do estômago, outras escutam a barriga "roncar" e, em alguns casos, ocorrem até mesmo tonturas, dores de cabeça etc. Essas "sensações" são a forma de a fome se manifestar em nosso organismo, isto é, a necessidade de alimento gerando tensão, que é sentida de maneira física. Essa tensão nos faz ter vontade de comer algo. Mas o quê?

Aqui entram em jogo as características pessoais de cada um: gostos, preferências, cursos de ação que aprendemos ao longo da nossa vida como os mais eficientes para resolver o problema que estamos vivenciando. Acrescentam-se a análise da situação em que nos encontramos e as opções disponíveis naquele momento. Alguns de nós podem escolher ir até a padaria próxima do trabalho para fazer um lanche o mais rápido possível. Outros podem preferir passar no mercado e esperar até chegar em casa para cozinhar uma bela refeição. Há ainda os mais sortudos, que podem se dar o luxo de ir direto para casa porque sabem que serão recepcionados com um delicioso jantar. Existem diversas outras possibilidades para resolver nossa necessidade de alimento. O comportamento que adotaremos é a direção que damos ao esforço que estamos dispostos a fazer, é quando traçamos o objetivo a ser atingido.

Realizamos, então, o esforço. Emitimos um comportamento de busca. Suponhamos que em nosso exemplo tenhamos escolhido passar na padaria. Não é porque nos esforçamos em direção a algo que necessariamente vamos conseguir o que temos em mente. Pode ser que tenhamos ido até lá e, ao chegarmos, a padaria já estivesse fechada ou que já tivesse acabado o pão. Nesses casos, mesmo tendo feito esforços que poderiam satisfazer nossa necessidade, não atingimos o objetivo.

> Assim, a tensão, isto é, a fome, continua a nos incomodar. Por essa razão, podemos redirecionar nosso esforço para outro comportamento que, acreditamos, vá nos trazer satisfação. Suponhamos que optemos, então, por ir até o supermercado mais próximo e que, quando chegamos lá, encontramos algum lanche rápido que resolve nosso problema. Pronto! Atingimos nosso objetivo na segunda tentativa e conseguimos resolver a necessidade que estava nos levando a realizar esforços. Uma vez satisfeita essa necessidade, outras passarão a gerar tensões. É este o ciclo motivacional. O tempo todo identificamos novas necessidades, que geram tensões, que, por sua vez, nos levam a agir. Quando não sentimos necessidade de nada, não temos vontade de fazer nada e ficamos desmotivados, mas somente até surgir a próxima necessidade, que nos fará estar dispostos a nos esforçarmos para resolvê-la.

Existem diversas teorias que procuram explicar o funcionamento da motivação humana. Vamos examinar a seguir as mais disseminadas e utilizadas na área de comportamento organizacional.

3.5.1 Teoria da expectativa de Victor Vroom

A teoria da expectativa de Victor Vroom (1982) busca compreender os fatores que guiam a direção de nossa motivação, isto é, o processo de escolha de um dentre vários outros comportamentos alternativos para a resolução de necessidades. De acordo com essa teoria, essa escolha depende de três fatores: valência, instrumentalidade e expectativa.

- A **valência** está relacionada ao valor que atribuímos ao resultado que imaginamos alcançar com cada alternativa de ação, isto é, se valorizamos a recompensa que o esforço nos trará. Quanto mais a valorizarmos, mais dispostos estaremos para realizar um esforço intenso e persistente.
- A **instrumentalidade** se refere ao conhecimento a respeito do comportamento necessário para atingirmos o objetivo que valorizamos.
- A **expectativa** diz respeito à percepção que temos da probabilidade de obtermos cada resultado. Por exemplo, podemos desejar a recompensa e compreender o comportamento a ser tomado para

alcançá-la; porém, precisamos também ter expectativa de que vamos conseguir assumir tal comportamento, isto é, acreditamos que somos capazes de fazer o que é preciso para obtermos a recompensa.

De modo muito simplificado, podemos afirmar que a teoria da expectativa de Victor Vroom (1982) pressupõe que, para que a pessoa esteja motivada a fazer algo, é necessário que dê valor à recompensa que obterá, acredite que esse algo está relacionado de fato ao recebimento dessa recompensa e que tem condições de fazê-lo de forma efetiva.

Para os gestores, o conhecimento a respeito da teoria da expectativa implica a compreensão de que valência, instrumentalidade e expectativa são três aspectos aos quais precisam prestar atenção caso desejem motivar os colaboradores.

1. Em termos de valência, é necessário oferecer recompensas que os colaboradores valorizem e pelas quais desejem esforçar-se.
2. Em termos de instrumentalidade, precisam comunicar com clareza qual(is) comportamento(s) levará(ão) à recompensa; por exemplo, que meta deve ser cumprida pelo colaborador e como esta pode (ou deve) ser cumprida.
3. Em termos de expectativa, devem garantir que o colaborador tenha acesso ao conhecimento, à formação, às ferramentas e aos recursos requeridos ao cumprimento da meta que se está demandando. Isso porque, por mais que o gestor estabeleça uma recompensa que o colaborador deseja receber e estabeleça com clareza a meta a ser alcançada ou o comportamento a ser assumido, o funcionário só se esforçará de fato se acreditar que tem chance de atingir o alvo definido.

3.5.2 Teoria da hierarquia das necessidades de Abraham Maslow

A teoria da hierarquia das necessidades de Abraham Maslow (1943) explica como e por que atribuímos distintos valores a diferentes recompensas. Isso se dá pois nossas necessidades se encontram em uma hierarquia e algumas são mais capazes de impulsionar nosso comportamento do que outras.

É famosa a representração da teoria com a figura de uma pirâmide dividida em cinco níveis, na qual a base corresponde às necessidades fisiológicas (uma vez que seriam as mais importantes ou as mais fortes), seguidas, em ordem decrescente de importância, pelas necessidades de segurança, sociais, de estima e, por fim, de autorrealização. Vale ressaltarmos que, quanto mais próxima da base da pirâmide, mais forte é a influência daquele conjunto de necessidades no comportamento. A Figura 3.3 ilustra graficamente tal teoria.

Figura 3.3 – **Pirâmide representativa da teoria da hierarquia das necessidades de Maslow**

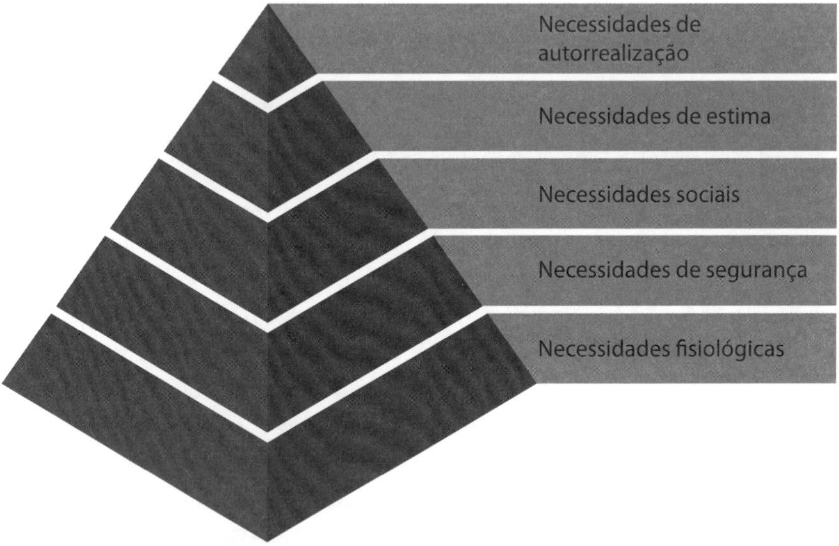

Fonte: Adaptado de Chiavenato, 2005; Robbins, 2005.

As **necessidades fisiológicas** estão relacionadas com nossa sobrevivência; são necessidades biológicas, que demandam satisfação cíclica, isto é, cotidianas, como a fome, a sede, o sono, o frio, a proteção contra a dor. Quando uma delas se faz presente, é a que mais fortemente impulsiona nossa ação; é por isso, por exemplo, que não conseguimos prestar atenção em uma aula quando estamos com sono – a necessidade fisiológica "fala mais alto" do que as demais (como a de estima ou a de autorrealização).

As **necessidades de segurança** são uma extensão das fisiológicas; os objetivos delas também estão associados à sobrevivência, pois não basta estarmos alimentados agora, precisamos ter alguma segurança de que não nos faltará comida mais tarde, quando a fome voltar. A lógica é a de nos protegermos das ameaças do ambiente externo, lembrando que se trata de necessidades de segurança tanto física quanto psicológica. Precisamos de certa estabilidade que nos permita sentir segurança.

As **necessidades sociais** se relacionam ao estabelecimento de vínculos com os outros. Precisamos de amor, afeto, carinho, proteção e amizade, bem como de participar, ter reconhecimento e sentir que pertencemos a um ou mais grupos.

As **necessidades de estima** dizem respeito ao orgulho de nós mesmos, à forma como nos percebemos e nos avaliamos, ao nosso amor próprio, à autoestima e à autoconfiança. É como se avaliássemos o lugar em que estamos hoje, a pessoa que somos e analisássemos se estamos satisfeitos conosco. É comum pensarmos que não temos a aparência física que gostaríamos, não estamos no cargo que esperávamos, não ganhamos tanto dinheiro quanto estimávamos que ganharíamos em nossa idade e não nos comportamos da maneira que acreditamos ser a mais correta. Por uma questão de autoestima, isso nos move a procurar nos tornar a pessoa que desejamos ser, razão por que iniciamos uma dieta, buscamos novos cursos de aperfeiçoamento, tentamos galgar uma promoção em nosso emprego e mudamos certas atitudes e tentamos abandonar antigos hábitos. Estes são exemplos de comportamentos movidos por uma necessidade de estima.

Por fim, as **necessidades de autorrealização** estão associadas ao desejo de nos desenvolvermos, de alcançarmos o máximo de nosso potencial a cada passo de nossa vida; dizem respeito aos sonhos e metas que traçamos para nosso futuro, isto é, se as necessidades de estima são as que nos movem para aperfeiçoar a pessoa que somos hoje, as de autorrealização nos mobilizam para garantir que seremos quem sonhamos ser no futuro.

As implicações da teoria da hierarquia das necessidades de Maslow para a gestão residem no reconhecimento de que as pessoas têm diferentes necessidades e, portanto, dão valor a diferentes recompensas. Nesse sentido, é importante refletir:

- Quais são as recompensas que uma organização pode oferecer a seus colaboradores?
- A que necessidades essas recompensas atendem?

A principal recompensa que as organizações oferecem aos funcionários em troca dos esforços deles é a financeira. Quais necessidades da pirâmide de Maslow conseguimos satisfazer se tivermos dinheiro? A princípio, as fisiológicas podem ser supridas com coisas que podemos comprar: comida, água, roupas, moradia etc. As de segurança também, pois podemos pagar por um plano de saúde, adquirir um seguro para nossa casa e nosso carro, fazer poupança para garantir que, ainda que fiquemos desempregados, vamos ter o mínimo para sobreviver. Mas, uma vez resolvidas as necessidades fisiológicas e de segurança, começaremos a nos preocupar com as de estima; nesse caso, será que dinheiro é tão eficiente para assegurar amizade, amor e pertencimento a um grupo?

Cientes de nossas necessidades psicológicas de sociabilidade, estima e autorrealização, as organizações podem oferecer vários outras formas de recompensa que sejam valorizadas pelos colaboradores tanto quanto as recompensas financeiras. As organizações costumam utilizar o trabalho em equipe como forma de atender às necessidades sociais dos funcionários, e o desenvolvimento de vínculos amistosos, de colaboração e de pertença é incentivado – muitas têm até orçamento destinado especificamente para isso, para treinamentos de socialização, churrascos, *coffe-breaks*, *happy-hours*, festas de confraternização etc.

O que está por trás dessas práticas é que, sabendo que as pessoas têm tais necessidades e que estão dispostas a se esforçarem para ter afeto, amizade, reconhecimento e pertença, o trabalho na organização pode ser visto como um dos cursos de ação que elas elegem para obter satisfação. Com isso, a gestão consegue direcionar os esforços dos colaboradores para o trabalho.

O mesmo ocorre com a estima e a autorrealização. As organizações costumam utilizar como recompensa várias formas de reconhecimento que atribuem *status* e orgulho aos colaboradores, como a divulgação dos "funcionários do mês" e o reconhecimento em reuniões daqueles que trouxeram resultados, além de aplausos, elogios e outras diversas iniciativas que incentivam os que buscam realização e estima a se esforçarem em seu trabalho.

Quanto às necessidades de autorrealização, as organizações costumam utilizar o plano de carreira e a possibilidade de crescimento como maneira de incentivar os empregados a direcionar esforços em busca do sonho de um futuro melhor também no contexto profissional.

A ideia por trás dessas práticas é que, sim, a recompensa financeira é importante e fundamental para que as pessoas tenham motivação para trabalhar. Todavia, não é apenas por esse tipo de recompensa que elas estão dispostas a se esforçarem; desejam fazer parte de grupos, ser bem vistas, queridas e reconhecidas por eles, melhorar a autoestima e o orgulho próprio e garantir que terão um futuro melhor e realizarão seus sonhos.

3.5.3 Teoria ERC de Clayton Alderfer

A teoria ERC desenvolvida por Clayton Alderfer (1969) se baseia na aplicação em pesquisas empíricas da teoria da hierarquia das necessidades de Maslow e reagrupa as cinco necessidades daquela teoria em somente três: as relacionadas a nossa existência, as de relações e as de crescimento – portanto, existência, relações e crescimento (ERC).

As **necessidades de existência**, conforme Alderfer (1969), estão associadas ao nosso bem-estar físico e correspondem às fisiológicas e de segurança de Maslow. As **necessidades de relação** ou **relacionamento** dizem respeito a nosso desejo de nos relacionarmos com outras pessoas e equivalem às sociais da teoria de Maslow e àquelas pertinentes ao reconhecimento do grupo, das necessidades de estima. Por fim, as **necessidades de crescimento** se referem àquelas de crescimento pessoal e correspondem às de autorrealização da teoria de Maslow.

Mais do que simplesmente reagrupar as necessidades de forma distinta do que propôs Maslow, são duas as diferenças fundamentais entre as teorias. Primeiramente, Alderfer, como já assinalamos, redivide os cinco grupos de necessidades estabelecidos por Maslow em três: existência, relações e crescimento. Em segundo lugar, ele questiona a lógica de hierarquia das necessidades, ao afirmar que não se encontram em uma ordem fixa de importância e que podem até aparecer simultaneamente. Alderfer (1969) também incluiu um pressuposto da regressão, segundo o qual, quando a satisfação de uma necessidade de ordem superior é frustrada, podemos regredir e passar a desejar satisfazer as de ordem inferior.

3.5.4 Teoria dos dois fatores de Frederick Herzberg

Frederick Herzberg (1968) foi outro psicólogo americano que escreveu sobre motivação, e sua teoria mais significativa ficou conhecida como *a teoria dos dois fatores*, quais sejam: os higiênicos e os motivacionais. A principal inovação está em enfatizar que motivação e satisfação não são constructos lineares, isto é, ressaltar que, quando se está motivado, busca-se satisfação e, quando se está satisfeito momentaneamente, as necessidades diminuem, assim como a motivação, como era pressuposto em outras teorias motivacionais. Diferentemente disso, Herzberg (1968) afirma que os fatores necessários para gerar satisfação no trabalho são diferentes daqueles requeridos para que estejamos motivados.

Os **fatores higiênicos** são aqueles necessários para assegurar uma satisfação mínima e estão relacionados às condições de trabalho, às instalações, aos recursos e ao ambiente de trabalho – como o clima organizacional, as relações entre chefias e colaboradores, os regulamentos e normas internos, a forma como o trabalho é dividido e atribuído entre os funcionários e também o salário. Herzberg (1968) usa a palavra *higiênico* para classificar esse grupo de fatores dado seu caráter apenas preventivo, ou profilático, no sentido de que a existência deles apenas evita a insatisfação, não garante que as pessoas se esforçarão com mais intensidade ou persistência em suas atividades, ou seja, não é capaz de motivar, porém pode desmotivar os colaboradores.

Os **fatores motivacionais**, por sua vez, são os que de fato conseguem influenciar a intensidade e a persistência dos esforços dos colaboradores e que, portanto, aumentam a produtividade e a qualidade do trabalho, ou seja, são os que, quando presentes, motivam: possibilidade de uso das habilidades pessoais, liberdade para decidir sobre o próprio trabalho, possibilidade de crescimento, promoções, autodesenvolvimento e outros.

3.5.5 Teoria das necessidades adquiridas de David McClelland

Na mesma linha das propostas anteriormente apresentadas, David McClelland (1987) também elaborou sua teoria sobre a motivação com foco nas diferentes necessidades que sentimos e que são capazes de mover nosso comportamento. Uma inovação em relação aos demais autores é o fato de afirmar que, embora tenhamos necessidades que são intrínsecas, como as fisiológicas, também aprendemos a ter outras ao longo de nossa vida, isto é, algumas são adquiridas e, portanto, com base em nossa história e experiência de vida, cada um de nós vai ter um perfil de necessidades que é próprio e individual.

McClelland (1987) menciona três grandes grupos de necessidades que adquirimos ao longo da vida: as de realização, as de poder e as de afiliação. As **necessidades de realização** se relacionam com o desejo de reconhecimento, o êxito competitivo, a busca por sucesso e pela melhoria contínua de si mesmo. Pessoas que têm fortes necessidades de realização buscam competir e ganhar pelo prazer em si de obter êxito, e não somente em troca da recompensa que este pode trazer.

As **necessidades de poder** dizem respeito ao impulso, desejo ou prazer de controlar ou influenciar outras pessoas e situações, de estar no comando, de não se submeter a ordens de terceiros, pelo contrário, de ser o causador dos efeitos. Pessoas que ao longo da vida adquiriram fortes necessidades de poder tendem a se esforçar para obter *status*, prestígio e ocupar posições que lhes deem legitimidade para ter condições de determinar o rumo dos acontecimentos e o comportamento dos demais.

Por fim, as **necessidades de afiliação** estão associadas às de relacionamento, de ter amigos, de ser amado e aceito pelos demais. Pessoas que durante a vida adquiriram grande necessidade de afiliação buscam se esforçar para fazer e manter amizades e relacionamentos amorosos e familiares; preferem colaborar a competir.

É importante ressaltar que as necessidades adquiridas, conforme a teoria proposta por McClelland, não negam a existência daquelas inatas, ou naturais, do ser humano. Esse autor apenas acrescenta que temos também necessidades que são aprendidas ao longo da vida e que os aspectos subjetivos individuais, bem como a experiência de cada um de nós, influenciam os tipos de necessidades que serão mais fortes para motivar nosso comportamento.

A implicação do conhecimento produzido por essa teoria para a gestão é, portanto, semelhante à que vimos sobre a personalidade e os valores pessoais: uma vez que reconheçamos as necessidades mais fortes nos indivíduos, podemos alocá-los em cargos, com a realização de atividades e responsabilidades mais condizentes com as necessidades deles, de modo a permitir sua motivação. Por exemplo, um colaborador com forte necessidade de afiliação trabalhará mais motivado se puder fazer parte de uma equipe na qual colabore e troque informações e recursos com outras pessoas. Por outro lado, um colaborador com forte necessidade de poder terá dificuldade em colaborar e trabalhar de forma cooperativa, uma vez que se motiva com a competição e a possibilidade de reconhecimento individual; nesse caso, talvez um cargo na área de vendas ou negociação seja mais indicado para esse perfil motivacional.

3.5.6 Teoria do estabelecimento de metas de Edwin Locke

A teoria do estabelecimento de metas criada por Edwin Locke tem como característica ser uma teoria aplicada de motivação, isto é, indica como usar os conhecimentos sobre motivação para se desenvolver um plano de ação destinado a guiar os esforços de uma pessoa ou grupo na direção de um objetivo específico (Locke, 1996). O estabelecimento de metas é um componente que se tornou fundamental nas teorias e nas práticas de gestão de pessoas e de administração em geral. Locke e seus colaboradores mostraram, por meio de pesquisas empíricas, que, se os colaboradores aceitarem as metas ou objetivos, não tiverem metas ou objetivos contraditórios e apresentarem as habilidades e os recursos requeridos para atingi-los, o estabelecimento de metas mais específicas, bem definidas, claras e ambiciosas levará a um desempenho melhor do que o obtido com as metas muito fáceis ou genéricas.

Chiavenato (2005) aponta que a teoria do estabelecimento de metas se fundamenta nos seguintes pressupostos:

1. Objetivos ou metas bem definidos (delimitados e específicos)
e mais difíceis levam a um desempenho melhor do que
aquele alcançado com objetivos muito amplos ou genéricos.
O estabelecimento da meta de forma quantitativa, por exemplo,
funciona como um estímulo interno. Imagine que um professor de
Educação Física indique que seus alunos devem correr "mais um
pouco". Esse alvo é muito genérico, e cada aluno interpretará esse
"um pouco" à sua maneira: alguns, por não saberem ao certo o que
isso significa, vão poupar forças e correr o mais devagar possível,

pois desconhecem o quanto ainda terão de correr. Uma meta clara, específica e, sempre que possível, quantificada resolve esse problema. Imagine que o mesmo professor defina que os alunos devem correr mais três minutos ou dar mais duas voltas na pista de corrida. Com o número exato, as pessoas direcionarão os esforços de maneira mais efetiva para o alcance do objetivo.

2. Se o colaborador aceita o objetivo, isto é, se vê valor em realizar o esforço para alcançar o que está sendo proposto e está capacitado (se tem conhecimentos, habilidades e recursos necessários), temos que, quanto mais difícil for o que se pede, maior será o desempenho. A questão se relaciona com o fator *expectativa*, que vimos na teoria de Victor Vroom. Se a percepção do funcionário for a de que o objetivo que quer alcançar é fácil, a expectativa será a de que é muito provável que ele consiga e, portanto, o esforço não será tão grande. Por outro lado, se desejar atingir um objetivo percebido como possível, porém difícil, ele se esforçará ao máximo, pois sua expectativa será a de que existe chance, mas não certeza de alcançá-lo. Imagine um colaborador que tem como objetivo realizar 15 vendas ao longo de uma semana e que sabe, por sua experiência cotidiana, que é comum realizar 15 a 20 vendas nesse período de tempo. Como a expectativa é a de que essa meta é facilmente cumprida, o profissional não fará nenhum esforço extra ou diferente para bater a meta. Contudo, se for estabelecido pela gestão que o volume de vendas passará a ser de 22 por semana, dada sua experiência, ele perceberá que se trata de algo alcançável, porém difícil e que, para atingir essa meta, terá de fazer um esforço maior e diferenciado. Com isso, ao se determinarem metas mais difíceis, obtém-se um desempenho maior e melhor do que com a indicação de metas fáceis.

3. Os colaboradores trabalham melhor quando recebem *feedback* a respeito dos avanços que obtêm na busca do atingimento de objetivos e metas. Isso se deve ao fato de que esse retorno da gestão os ajuda a perceber a distância entre aquilo que estão fazendo e o que deveriam fazer; o ajuste do desempenho é necessário para atuar como um guia do comportamento dos colaboradores.

4. De modo geral, as pessoas se comprometem mais com objetivos definidos por elas mesmas, isto é, que não são impostos de maneira autoritária. Por isso, é importante envolver os colaboradores na tomada de decisão e no estabelecimento dos objetivos a serem alcançados.
5. O desempenho das pessoas está relacionado à autoconfiança e à percepção de autoeficácia; isso significa que os colaboradores trabalham melhor quando têm a convicção de que são capazes de realizar as tarefas apontadas. Pessoas que acreditam que não obterão êxito têm maior probabilidade de desistir no meio do caminho, isto é, de não persistir.
6. O estabelecimento de metas pode ser individual ou para a equipe e não funciona de modo igual para todas as tarefas. Aquelas simples, conhecidas e independentes são mais bem desempenhadas se as metas forem definidas para cada indivíduo isoladamente. Por outro lado, quando existem muitas atividades interdependentes, é mais produtivo estabelecer metas que o grupo tem de atingir de forma combinada. É comum que as empresas definam tanto metas individuais quanto as que devem ser alcançadas pelos grupos, para, em troca, oferecer recompensas desejadas pelos colaboradores, como participação nos lucros, bonificações e outros benefícios.

Por tudo isso, a teoria do estabelecimento de metas delimita quatro métodos básicos para motivar os colaboradores: o uso do dinheiro como recompensa; a definição das metas e objetivos a serem alcançados; a inclusão das pessoas na tomada de decisão e na definição de objetivos e metas; e o redesenho dos cargos, dos postos de trabalho e das tarefas de modo a serem mais desafiantes e atribuírem mais responsabilidade aos envolvidos (Chiavenato, 2005).

Síntese
Neste capítulo, analisamos as variáveis individuais que influenciam o comportamento humano nas organizações. Primeiramente, refletimos sobre a personalidade e os valores pessoais, para entender alguns aspectos que nos diferenciam uns dos outros; definimos o que são traços de personalidade e examinamos alguns que compõem o modelo dos cinco

grandes traços de personalidade, uma ferramenta de avaliação que pode ser utilizada para identificar as características de personalidade dos indivíduos. Vimos que é importante para a gestão conhecer a personalidade para ajustar o perfil dos cargos às características de seus ocupantes, de modo a possibilitar trabalhos mais satisfatórios para os colaboradores e a obtenção de desempenho superior para a empresa.

Na sequência, abordamos a percepção e vimos diversos fatores que influenciam a forma como atribuímos significado aos estímulos que recebemos do meio ambiente externo e também do interno. Identificamos os principais vieses perceptivos com o objetivo de chamar a atenção para a tendência de percebermos a realidade de forma enviesada e procuramos refletir sobre de que modo a forma como enxergamos o mundo e a realidade à nossa volta se constituiu em um aspecto determinante na definição de como vamos agir.

Analisamos também o processo de tomada de decisão, retomando os vieses perceptivos que podem influenciar nossas escolhas de diferentes cursos de ação, bem como ressaltamos alguns cuidados que precisamos ter para realizar escolhas mais objetivas. Vimos, ainda, como diversos fatores das organizações influenciam, e em parte determinam, as escolhas feitas no desenvolvimento de nosso trabalho.

Outra variável do comportamento individual que destacamos neste capítulo foi o processo de aprendizagem. Observamos como, por meio de consequências positivas e negativas, reforços e punições, o comportamento pode ser mudado e alterado de forma significativa, levando ao aprendizado de novas formas de agir.

Finalmente tratamos da motivação. Examinamos as principais características desse fator, sua intensidade, persistência e direção, bem como seu processo básico de funcionamento. Abordamos as principais e mais utilizadas teorias da motivação na gestão: a teoria da expectativa, a teoria da hierarquia das necessidades, a teoria dos dois fatores motivacionais, a teoria ERC, a teoria das necessidades adquiridas e a teoria do estabelecimento de metas.

No próximo capítulo, analisaremos as variáveis que se dão no nível grupal e que também influenciam a forma como nos comportamos nas organizações.

Questões para revisão

1. Em relação ao modelo de avaliação da personalidade denominado *Big Five* (ou o modelo de cinco fatores), relacione as colunas:

   1) Extroversão
   2) Amabilidade ou sociabilidade
   3) Consciência, conscienciosidade ou realização
   4) Estabilidade emocional ou neuroticismo
   5) Abertura para experiência

   ( ) Diz respeito à propensão individual a respeitar e considerar os outros ás características de sinceridade, altruísmo, modéstia e ternura.
   ( ) Diz respeito ao nível de conforto que o indivíduo tem em se relacionar com outras pessoas; quem apresenta esse traço de personalidade tende a ser agregador de outras pessoas, assertivo em suas comunicações e sociável.
   ( ) Tem a ver com o fato de a pessoa ser ou não confiável, isto é, diz respeito a traços de personalidade como ser responsável, organizado, persistente, comprometido ou, ao contrário, ser distraído, desorganizado, irresponsável e não merecedor de confiança.
   ( ) Relaciona-se ao interesse ou à fascinação pela novidade; pessoas abertas tendem a ser criativas, curiosas e, em contrapartida, aquelas mais fechadas tendem a ser conservadoras e buscam a manutenção daquilo que já lhes é familiar.
   ( ) Consiste nas habilidades que uma pessoa tem de lidar com o estresse, isto é, em situações de crise, consegue permanecer calma, autoconfiante e segura ou, ao contrário, fica nervosa, ansiosa, insegura, depressiva, tomando decisões de forma impulsiva.

   Assinale a sequência correta:

   a) 1, 3, 5, 2, 4.
   b) 2, 5, 3, 1, 4.
   c) 5, 4, 1, 3, 2.
   d) 2, 1, 3, 5, 4.
   e) 2, 1, 4, 5, 3.

2. Vimos que o processo de tomada de decisão é influenciado por vieses perceptivos que nos fazem ser tendenciosos em nossas escolhas. Assim, como podemos agir para melhorar a qualidade de nossas decisões? Cite e explique pelo menos dois vieses perceptivos examinados.

3. Quanto à aprendizagem nas organizações, cite três formas por meio das quais as pessoas aprendem os comportamentos adequados e os melhores cursos de ação a serem tomados em uma organização.

4. Sobre aprendizagem por meio de consequências, analise as afirmativas a seguir e identifique os conceitos a que elas correspondem. Marque A para reforço positivo, B para reforço negativo e C para punição:

( ) Um comportamento que traz uma consequência boa, positiva, agradável.

( ) Um comportamento que faz com que nos livremos de algo ruim ou desagradável.

( ) Um comportamento que faz com que recebamos como consequência estímulos ruins, desagradáveis, dolorosos, desprazerosos.

Assinale a sequência correta:

a) A, B, C.
b) B, C, A.
c) C, A, B.
d) C, B, A.
e) B, A, C.

5. Conforme as teorias sobre motivação analisadas neste capítulo, julgue as afirmações a seguir como verdadeiras (V) ou falsas (F):

( ) Conforme a teoria da expectativa de Victor Vroom, a valência está relacionada ao valor que se atribui ao resultado que se imagina alcançar com cada alternativa de ação.

( ) Conforme a teoria da expectativa de Victor Vroom, quanto mais valorizarmos a recompensa, mais dispostos estaremos a realizar um esforço fraco.

( ) Conforme a teoria da hierarquia das necessidades de Abraham Maslow, as necessidades fisiológicas são as que se relacionam à nossa sobrevivência.

( ) Conforme a teoria da hierarquia das necessidades de Abraham Maslow, ter amigos e vínculos e fazer parte de um grupo são exemplos de necessidades de estima.

( ) Conforme a teoria da hierarquia das necessidades de Abraham Maslow, um lugar para morar, roupas, comida, bebida e remédios são exemplos de necessidades de segurança.

( ) Conforme a teoria do estabelecimento de metas de Edwin Locke, metas mais difíceis tendem a levar a um desempenho melhor.

( ) Conforme a teoria do estabelecimento de metas de Edwin Locke, para que o colaborador faça o máximo de seu esforço, basta que as metas sejam difíceis.

( ) Conforme a teoria do estabelecimento de metas de Edwin Locke, para que a meta seja motivadora, é necessário que os colaboradores a aceitem.

Assinale a sequência correta:

a) V, F, V, F, F, V, F, V.
b) F, F, V, F, V, V, F, V.
c) V, F, V, F, V, F, V, F.
d) F, F, V, V, F, V, F, V.
e) V, V, F, F, F, V, F, F.

Questões para reflexão

1. A organização em que você atua tem um código de ética? Procure se informar sobre isso ou sobre o código de ética de qualquer empresa. Essa informação pode ser facilmente localizável no *site* das organizações.

2. Reflita: Para que serve um código de ética? Como o código de ética reflete os valores de uma empresa?

> **Para saber mais**
>
> A área de administração de empresas desenvolveu diversos modelos e ferramentas de tomada de decisão. Para você que deseja aprofundar-se no assunto, recomendamos como ponto de partida a leitura de Pidd (1996), Davis, Richard e Nicholas (2001) e Chiavenato (1985), que apresentam informações sobre as seguintes ferramentas, muito utilizadas pela gestão para auxiliar a tomada de decisão: o *brainstorming*, o diagrama de Pareto, o diagrama de Ishikawa (também conhecido como *diagrama de causa e efeito* ou *diagrama espinha de peixe*), o método dos 5 porquês, o plano de ação 5W2H, a análise SWOT (análise das forças e fraquezas internas e das ameaças e oportunidades externas) e o método Delphi, entre tantos outros.
>
> PIDD, M. **Modelagem empresarial**: ferramentas para tomada de decisão. Porto Alegre: Bookman, 1996.
>
> DAVIS, M.; RICHARD, B. C.; NICHOLAS, J. A. **Fundamentos da administração da produção**. Porto Alegre: Bookman, 2001.
>
> CHIAVENATO, I. **Administração**: teoria, processo e prática. Rio de Janiero: Elsevier Brasil, 1985.
>
> Para quem se interessa pelo assunto e quer conhecer mais sobre erros comuns de percepção que cometemos na tomada de decisão, recomendamos a leitura do livro intitulado *O andar do bêbado: como o acaso determina nossas vidas*. Trata-se de um *best-seller* escrito por Leinard Mlodinow em que o autor discute como tendemos a perceber as coisas, mesmo que aleatórias, de determinadas maneiras com base em nossas características subjetivas.
>
> MLODINOW, L. **O andar do bêbado**: como o acaso determina nossas vidas. Rio de Janeiro: Zahar, 2009.

4 Variáveis do comportamento organizacional relacionadas aos grupos

Conteúdos do capítulo

- Definição de *grupos*.
- Diferença entre grupos e equipes de trabalho.
- Vantagens do trabalho em equipe em relação ao individual.
- Principais propriedades e o processo de desenvolvimento dos grupos.
- Processos de liderança, poder e política.

Após o estudo deste capítulo, você será capaz de:

1. conceituar *grupo*;
2. identificar as principais propriedades dos grupos e compreender os fatores essenciais da dinâmica de funcionamento deles;
3. identificar os passos do processo de desenvolvimento de grupos;
4. diferenciar grupos de equipes de trabalho;
5. compreender as vantagens do trabalho em equipe em relação ao trabalho individual em termos de eficiência e eficácia;
6. conceituar *poder* e identificar suas principais fontes e o respectivo funcionamento;
7. conceituar *política* e compreender seus aspectos positivos e negativos nas organizações;
8. conceituar *liderança* e compreender os fatores envolvidos;
9. identificar as principais teorias de liderança com foco comportamental, situacional e nos traços de liderança.

Temos visto ao longo deste livro que o comportamento organizacional é a área que estuda variáveis do comportamento, tanto no nível individual quanto no dos grupos, com a finalidade de melhor gerir o modo como as pessoas agem nas organizações e garantir maior eficiência e eficácia no ambiente em que atuam. Neste capítulo, vamos abordar as variáveis que se dão no âmbito grupal, isto é, que ocorrem quando as pessoas se associam e trabalham juntas para atingir objetivos. Examinaremos aspectos dos relacionamentos interpessoais e da dinâmica de funcionamento dos grupos que influenciam a postura de seus integrantes; em particular trataremos de três processos que se desenvolvem nos grupos: de poder, de política e de liderança.

4.1 Fundamentos do comportamento grupal

O objetivo nesta seção é apresentar os conceitos básicos relacionados ao o estudo dos grupos a fim de que você tenha acesso aos fundamentos necessários para compreender como eles funcionam e como podemos desenvolver e gerenciar equipes de sucesso.

Vamos começar pela definição de *grupo*: trata-se da *união* de duas ou mais pessoas que interagem entre si para atingir objetivos, os quais podem ser particulares (cada indivíduo tem a própria motivação para participar do grupo) ou compartilhados pelos membros (os membros do grupo têm metas iguais).

Robbins (2005) elaborou a **teoria da identidade social** para explicar por que temos a tendência de nos associarmos a grupos: estabelecer uma identidade social com os grupos nos ajuda a entender quem somos, como nos encaixamos na malha social e como devemos agir, reduzindo a incerteza a respeito também de como os outros agirão.

A identidade social afeta nossa **autoestima**: esta é relacionada não somente ao nosso desempenho pessoal, mas também ao dos grupos com os quais nos identificamos. Segundo Robbins (2005), temos a tendência a experimentar emoções positivas quando nossos grupos alcançam sucesso e emoções negativas quando fracassam. Isso se observa porque nossa autoestima se vincula fortemente com os resultados obtidos pelo grupo, por isso nos orgulhamos das conquistas dele e nos ofendemos quando ele é mal falado por alguém; é como se estivessem falado pessoalmente de nós mesmos.

Outro aspecto das relações interpessoais que se observa quando nos associamos em grupo e que é trabalhado pela teoria da identidade social é o **favoritismo intragrupo** (trabalhamos um pouco essa questão quando discutimos os vieses perceptivos no Capítulo 3). Quando estamos identificados socialmente com um grupo, temos a tendência de sobrevalorizar o que é dele e de desvalorizar o que lhe é externo. O favoritismo intragrupo é uma tendência que o grupo tem de os participantes perceberem os membros, bem como as realizações, comportamentos e intenções próprias como sendo melhores que os de outros grupos ou simplesmente melhores do que os de quem não faz parte dele.

O favoritismo intragrupo é um processo psicológico não consciente para os participantes do grupo, isto é, na maior parte das vezes, não percebem que estão agindo assim. De um lado, a proteção daquilo que é interno ao grupo cumpre uma função de torná-lo mais unido e coeso; de outro lado, tende a fazer com que os membros estereotipem e discriminem pessoas que não fazem parte dele.

São vários os fatores que fazem as pessoas desenvolverem uma identidade social, isto é, se identificarem com determinados grupos. Vamos analisar dois deles: a similaridade e o *status*. As pessoas tendem a se filiar a grupos que têm os mesmos valores ou características e que se parecem com elas – este é o fator **similaridade**. Além disso, como a identidade social se relaciona fortemente com a autoestima, é comum que as pessoas tenham afinidade com grupos que admiram ou valorizam, de modo que, vinculados a eles, melhorarão o conceito que têm de si mesmas. Isso faz com que procurem associar-se àqueles que tenham alto *status*, isto é, que sejam bem vistos e valorizados socialmente.

Outros motivos que fazem com que as pessoas se associem a grupos incluem a **satisfação de necessidades** sociais, de segurança, de poder e de alcance de metas. Você se lembra do que vimos quando trabalhamos as teorias sobre motivação? Tratamos das necessidades que movem nosso comportamento; identificamos que a de sobrevivência é a mais forte, mas que precisamos também nos sentir seguros, ter amigos, carinho, afeto, amor, reconhecimento. Conseguimos satisfazê-las se estamos vinculados a um grupo e fazemos parte dele. Também temos necessidade de poder, de nos sentirmos no controle e no comando da situação. Veremos ainda neste capítulo, quando tratarmos de poder e política nas organizações, que uma das formas de conseguirmos realizar nossos interesses é por meio da união em grupo, a qual garante que tenhamos influência para mudar a situação conforme nossos interesses. Dessa forma, fazer parte de um grupo também pode ser interessante para alcançarmos metas e objetivos de forma mais eficiente e eficaz.

4.2 Os grupos nas organizações

As organizações em si são exemplos de grupos; no entanto, dado seu tamanho, normalmente são compostas de diversos subgrupos. Vamos aqui analisar algumas particularidades que dizem respeito aos grupos que estão inseridos nelas. Começaremos por identificar as modalidades de grupos, quais sejam: informais e formais. Examinaremos também o processo de formação deles no contexto corporativo, as principais propriedades e a diferença entre grupos e equipes de trabalho. Finalizaremos a discussão refletindo acerca dos fatores requeridos para o sucesso das equipes de trabalho.

4.2.1 Grupos informais *versus* grupos formais

Diversas obras da área de comportamento organizacional sinalizam as diferenças existentes entre os grupos informais e os formais (Albuquerque; Puente-Palácios, 2004; Chiavenato, 2005; Robbins, 2005; Schermerhorn Junior; Hunt; Osborn, 2005; Wagner; Hollenbeck, 1999). Os **grupos informais** são agrupamentos naturais que ocorrem entre as pessoas e que decorrem das necessidades sociais de vínculo, acolhimento e participação. Incluem-se nesse tipo a família, os grupos de interesse, de afinidade e outros. Neles os comportamentos que os participantes escolhem assumir são definidos pelos objetivos particulares e vão tomando forma na interação interpessoal, que envolve negociações, ajustes e barganhas com os comportamentos e interesses dos demais membros (Chiavenato, 2005; Robbins, 2005).

Já os **grupos formais** são característicos das organizações, pois são definidos pela estrutura organizacional, ou seja, são designados pelo organograma, o qual estabelece quem fará parte de cada um, a quem eles estarão subordinados, que objetivos e atividades deverão ser realizados, que papel cada um deve assumir para cumpri-los, como se darão as comunicações, as ordens e os comandos etc. Nos grupos formais, o comportamento a ser adotado pelos participantes é determinado pelos objetivos organizacionais (Chiavenato, 2005; Robbins, 2005).

4.2.2 Fases do desenvolvimento dos grupos

Chiavenato (2005) e Robbins (2005) assinalam que os grupos costumam se desenvolver por meio de uma sequência relativamente previsível de cinco etapas. Ressaltam que nem todos passam por todas elas de forma linear: alguns podem demorar-se em algumas, passar rapidamente por outras, regredir a anteriores antes de progredir para as subsequentes etc. Ainda assim, o conhecimento a respeito do **modelo de cinco fases** é útil para identificarmos em que etapa se encontra nosso grupo e o que deve ser feito para conseguirmos direcioná-lo às mais desenvolvidas (Chiavenato, 2005; Robbins, 2005).

Os dois autores apresentam um modelo semelhante de cinco estágios de desenvolvimento pelos quais os grupos passam:

1. etapa de formação;
2. etapa de tormenta;
3. etapa de normatização;
4. etapa de desempenho; e
5. etapa de ruptura.

O estágio de **formação** é caracterizado pela incerteza e insegurança dos participantes; as pessoas costumam se perguntar o que estão fazendo ali, qual é o propósito do grupo, que tipos de comportamentos são aceitáveis; procuram identificar quem são os outros integrantes; há também muita incerteza sobre regras, normas, procedimentos, comportamentos, responsabilidades e papéis de cada um. Essa fase se encerra quando os indivíduos passam a se reconhecer como membros da equipe (Chiavenato, 2005; Robbins, 2005).

Já o segundo estágio, denominado de **tormenta**, é caracterizado pelo conflito interno entre os integrantes. Eles estão aos poucos aceitando a existência do grupo, no entanto resistem às imposições feitas à liberdade individual. Surgem conflitos a respeito do controle, isto é, quem irá liderar, comandar etc. A fase só está completa quando existe uma hierarquia clara de liderança (Chiavenato, 2005; Robbins, 2005).

O terceiro estágio de desenvolvimento do grupo, chamado por Chiavenato (2005) de **normatização**, é caracterizado pela coesão e identificação dos membros da equipe; a troca de informações tende a ser mais aberta e espontânea e há maior tolerância em face das divergências. As lideranças, tendo sido aceitas pelos participantes na fase de tormenta, passam a definir com eles os papéis, as tarefas e as responsabilidades de cada um. Essa fase é concluída quando há aceitação das normas de comportamento e dos procedimentos que irão pautar as tarefas a serem cumpridas, a estrutura do grupo é solidificada e ele assimila um conjunto compartilhado de expectativas do que é a postura correta a ser adotada (Chiavenato, 2005; Robbins, 2005).

O quarto estágio é o de **desempenho**. Conforme Chiavenato (2005) e Robbins (2005), a esta altura a estrutura do grupo já deve ser funcional e ter sido aceita pelos membros. Os esforços, que até agora estavam voltados para buscar conhecer os outros membros e criar a estrutura de funcionamento, direcionam-se à realização das tarefas. Para grupos permanentes, essa é a principal fase a ser atingida. De tempos em tempos ocorrerão mudanças que farão o grupo regredir para etapas anteriores, e é papel esperado dos líderes que façam a gestão adequada para que o grupo atinja esse estágio, retorne a ele e nele se mantenha a maior parte do tempo. Que mudanças são essas? Podemos citar a saída ou entrada de novos integrantes, alterações em tecnologia ou recursos utilizados, novas orientações de objetivos e de metas, entre outras (Chiavenato, 2005; Robbins, 2005).

Para grupos que não são permanentes, como os que trabalham por projeto, comitês temporários, times, forças-tarefa e similares, há ainda mais um estágio de desenvolvimento: o de **desintegração** ou **ruptura**.

Ele ocorre quando os objetivos que levaram à criação da equipe são atingidos e não há mais razão para ela continuar a existir; nesse caso, os membros serão realocados para novos grupos ou desligados da organização. É importante que se promova alguma atividade de *feedback* com os integrantes para que se possa rever as atividades realizadas e tirar lições dos acertos e erros vivenciados (Robbins, 2005).

Chiavenato (2005) observa que as organizações devem aprender a desenvolver e administrar seus grupos para garantir que eles terão um bom desempenho. Para o autor, elas precisam assegurar que sua cultura e estrutura incentivem as pessoas e as equipes a terem um bom desempenho e, para isso, devem: definir objetivos claros e compreensíveis; formar grupos cujos membros tenham habilidades úteis, de modo que encontrem nestes todas as competências necessárias para a realização das atividades; estabelecer, por meio de liderança eficiente, a confiança recíproca entre os membros, o compromisso deles com os objetivos e com os meios para alcançá-los.

4.2.3 Propriedades dos grupos

Todos os grupos apresentam certas propriedades que influenciam o comportamento dos participantes e a eficiência em atingir os objetivos. Diversas obras da área de comportamento organizacional concordam que as principais são: os papéis, as normas, o *status*, o tamanho, a coesão e a diversidade (Albuquerque; Puente-Palácios, 2004; Chiavenato, 2005; Robbins, 2005; Schermerhorn Junior; Hunt; Osborn, 2005; e Wagner; Hollenbeck, 1999). Vejamos cada uma dessas propriedades.

4.2.3.1 Papéis

Uma primeira propriedade dos grupos são os papéis ou as funções que eles delimitam aos membros. Um papel social é a forma como se imagina que alguém deve agir em determinada situação. Os grupos estabelecem diferentes papéis sociais para seus membros, isto é, as funções que devem ser cumpridas pelo grupo (Robbins, 2005). É provável que se defina o papel de líder para algum participante, o de comunicação, o de controle, o de auditoria para outros, e assim por diante.

Esses papéis influenciam a forma como cada um vai se comportar. Porém, isso não ocorre numa relação clara de causa e efeito, é necessário levar em conta que existe a percepção de papel social, que pode ser diferente da expectativa que se tem a respeito dele, gerando até mesmo conflitos que precisam ser administrados pelos gestores para que não provoquem insatisfação nos colaboradores (Robbins, 2005).

Robbins (2005) ressalta que a percepção diz respeito ao modo como o colaborador imagina que deve agir. Por exemplo, no papel de líder, isso consiste no que ele aprendeu ao longo da vida, por sua formação, experiência profissional, conforme seus valores e interesses, acerca do que é o comportamento de um bom líder. A expectativa, por outro lado, é, para o autor, como a organização espera que o funcionário aja ao desempenhar essa função, o que pode ser diferente da percepção que ele tem. Quando não há congruência entre a percepção do papel social e a expectativa dele ocorre o conflito, em que nem o colaborador cumpre o que a organização espera dele nem esta reconhece ou recompensa o comportamento daquele conforme ele acredita que deve ser (Robbins, 2005). Para que não haja conflito de papel, é preciso que fique claro para os funcionários quais são os comportamentos esperados por parte da empresa no exercício de cada função.

O conflito de papel também ocorre quando a organização demanda do colaborador que exerça duas funções contraditórias, por exemplo, nas situações em que é necessário colaborar e competir ao mesmo tempo. Não podemos esquecer que a maioria dos funcionários participa de mais de um grupo simultaneamente (grupos de trabalho, departamentos, comissões etc.), e essas diferentes funções podem entrar em conflito quando a expectativa de comportamento em uma é diferente da expectativa em outra. De modo geral, os conflitos de papel são fonte de insatisfação para os colaboradores e de mau desempenho (Robbins, 2005).

4.2.3.2 Normas

As normas são descritas por Robbins (2005) como os padrões de comportamento estabelecidos como aceitáveis pelo grupo; expressam o que deve e o que não deve ser feito pelos participantes em diversas circunstâncias. Quando são aceitas, influenciam a conduta deles sem que seja necessário haver controle ou supervisão externa. Entretanto, nem sempre todos os membros se conformam às normas, e o grupo pode criar mecanismos de controle para incentivar a conformidade a elas ou punir desvios.

De modo geral, pelo desejo de serem aceitas e se manterem vinculadas ao grupo, as pessoas tendem a se submeter às normas dele. Isso explica por que há forte influência para que as atitudes e os comportamentos delas estejam adequados aos padrões estabelecidos (Robbins, 2005).

4.2.3.3 *Status*

O *status* se refere, conforme explica Robbins (2005), a uma hierarquia de poder e importância que o grupo tem perante outros grupos e em relação aos membros dele mesmo; atribuem-se papéis, direitos e rituais para diferenciar os grupos ou os membros entre si. O *status* é uma fonte de motivação dos grupos, pois os indivíduos se esforçarão para subir na hierarquia grupal.

Para Robbins (2005), o *status* advém de três fatores em um grupo:

1. O poder que uma pessoa tem sobre os demais ou que é referente ao controle dos recursos do grupo tende a ser percebido como fator atribuidor de *status*.
2. A habilidade de uma pessoa de contribuir para o atingimento dos objetivos do grupo também é fonte de *status*, uma vez que colaboradores cujas contribuições são críticas para o grupo tendem a ser mais valorizados e a ter maior poder de barganha.
3. Características pessoais também podem ser fonte de *status* em um grupo caso elas sejam valorizadas positivamente pelos demais, como beleza, inteligência e personalidade carismática.

É interessante observarmos a relação do *status* com as normas: é comum nos grupos que pessoas com diferentes *status* sofram pressões diferentes para agir em conformidade com as normas. De modo geral, pessoas com mais *status* recebem mais leniência do grupo em casos de não conformidade do que as demais. É necessário que os gestores estejam atentos a esse fator, pois a percepção de inequidade e injustiça entre os membros pode influenciar negativamente a produtividade e o comprometimento dos colaboradores que se sentem injustiçados em relação ao grupo e à organização.

4.2.3.4 Tamanho

O tamanho do grupo também é outro fator citado por Robbins (2005) a influenciar o desempenho dele. Grupos menores tendem a tomar decisões e a completar tarefas mais rapidamente; já os maiores costumam encontrar soluções mais criativas e inovadoras. Desse modo, a escolha pela composição de um grupo grande ou pequeno deve ser feita com base no tipo de atividade a ser realizada; a menos que envolva algo que demande a concentração de grande número de competências complementares, é preferível a formação de um grupo com o menor número possível de participantes (Robbins, 2005).

4.2.3.5 Coesão

Robbins (2005) afirma que a coesão de um grupo diz respeito à força do vínculo que os membros mantêm entre si e ao quanto estão dispostos a se esforçarem para se manterem nessa condição. De modo geral, grupos menores tendem a ser mais coesos que grupos maiores, e aqueles que já trabalham juntos há mais tempo também tendem a ser mais coesos que os mais recentes.

A coesão afeta a produtividade dos grupos, dependendo de como as normas estão estabelecidas: se, por um lado, estão relacionadas a maior qualidade, resultado e cooperação com pessoas de fora do grupo, a coesão as levará a se comprometerem com essas normas e o grupo será mais produtivo aos olhos da organização; se, por outro lado, o grupo tem normas pouco relacionadas com a produtividade, a coesão alta pode ser contraproducente, pois as pessoas irão dirigir os esforços não na direção da qualidade e dos resultados, mas no sentido da manutenção das relações sociais existentes (Robbins, 2005).

Chiavenato (2005) sugere que, para tornar maior a coesão de um grupo, a gestão pode: reduzir o tamanho do grupo; incentivar a concordância com os objetivos dele; aumentar o tempo que os participantes passam juntos; fazer crescer o *status* do grupo perante os demais; estimular a concorrência com outros grupos; isolá-lo fisicamente; e criar um sistema de recompensas que estabeleça, além de metas individuais, metas grupais que devem ser atingidas em conjunto para que todos possam beneficiar-se.

4.2.3.6 Diversidade

Uma última propriedade citada por Robbins (2005) e que é capaz de afetar o comportamento das pessoas em grupo é a diversidade, isto é, o grau em que elas são parecidas ou diferentes entre si. As pessoas variam conforme as características de personalidade, os valores, as experiências e as formações, entre outros, e aspectos como idade, gênero e cultura influenciam esses fatores.

A diversidade pode ser positiva ou negativa em termos de produtividade de um grupo. Assim como no caso do tamanho, ela vai trazer ganhos de produtividade conforme a tarefa a ser desenvolvida pelo grupo. Grupos em que há diversidade tomam decisões mais inovadoras e encontram soluções mais criativas que os homogêneos, porém demandam mais tempo e envolvem-se em discussões mais longas para atingir os objetivos. Também em grupos com maior diversidade os conflitos são mais presentes, requerendo uma gestão mais atenta para evitar a estereotipagem e a discriminação entre os membros.

4.2.4 Diferença entre grupos e equipes de trabalho

Diversas obras da área de comportamento organizacional destacam que a principal diferença entre um grupo e uma equipe de trabalho é a geração de **sinergia** (Albuquerque; Puente-Palácios, 2004; Chiavenato, 2005; Robbins, 2005; Schermerhorn Junior; Hunt; Osborn, 2005; Wagner; Hollenbeck, 1999). Embora tenhamos tanto em um grupo quanto em uma equipe de trabalho pessoas que trabalham juntas, compartilham recursos e colaboram entre si, em um grupo é possível que cada participante esteja ali por um objetivo particular, ao passo que em uma equipe todos estão trabalhando em prol do mesmo objetivo, comum e compartilhado entre todos. Quando isso ocorre, alcança-se a sinergia por meio da coordenação dos esforços e atinge-se um nível de rendimento e produtividade maior do que se cada pessoa estivesse atuando individualmente.

> **Perguntas & respostas**
>
> **O que é sinergia?**
> É o efeito que resulta do esforço coordenado de vários agentes quando trabalham em prol de um objetivo comum e que tem valor superior à soma dos esforços deles se atuassem individualmente. Na sinergia, o resultado atingido é maior que a soma dos esforços isolados.

Assim, se o conceito de **grupo** é o de um agrupamento de dois ou mais indivíduos que trabalham de forma interdependente para atingir objetivos particulares, teremos que nos **grupos de trabalho** as pessoas colaboram e trocam informações e recursos para ajudar cada um a realizar o próprio trabalho, a cumprir sua função ou suas responsabilidades. Nesse sentido, o resultado final é a soma dos esforços individuais feitos.

As **equipes**, por outro lado, são agrupamentos de dois ou mais indivíduos que atuam de modo interdependente para atingir o mesmo objetivo, comum a todos. Nas equipes, o objetivo final é responsabilidade de todos e, por meio da colaboração e da coordenação de esforços dos participantes, é buscado por todos. Das interações entre as pessoas ao trocarem e compartilharem recursos, informações, competências e conhecimentos, a equipe consegue criar mais do que individualmente cada um seria capaz, o que tem como resultado a sinergia, isto é, um resultado que vai além da soma dos esforços individuais.

4.2.5 Principais características das equipes efetivas

Robbins (2005) e Chiavenato (2005) destacam que os principais fatores que influenciam o sucesso de uma equipe se relacionam com seu contexto de trabalho, sua composição, seu projeto e o processo de desenvolvimento das atividades. Vejamos cada um desses quatro fatores e como podem influenciar a atuação das equipes.

4.2.5.1 Contexto de trabalho

Segundo Robbins (2005), o contexto de trabalho diz respeito a tudo aquilo que circunda a equipe e de que ela depende para a realização das atividades. Fazem parte as estruturas física e normativa em que ela está inserida, os recursos que tem à disposição, as formas de gestão e liderança presentes, as metas, os objetivos e as formas de controle e avaliação utilizadas e ainda o clima de trabalho estabelecido. Assim, para que se forme uma equipe efetiva, é necessário que os recursos disponibilizados sejam adequados, isto é, desde o tempo para execução da tarefa até informações, conhecimentos, acesso a maquinário e tecnologia. Não há como esperar um desempenho superior se não há recursos necessários para a efetivação dos objetivos exigidos.

Em relação à estrutura e à liderança, as equipes não funcionam de maneira efetiva se não conseguem concordar sobre quem é responsável por qual função ou papel ou se acreditam que o trabalho está dividido de forma injusta entre os participantes (Robbins, 2005). Garantir que todos compreendam e aceitem os respectivos papéis, bem como confiem que os demais cumprirão as funções que lhes cabem de forma condizente, é papel da liderança, seja a formal (estabelecida pela organização), seja a informal de algum participante que assume a função. Voltaremos a tratar de liderança na próxima seção deste capítulo; por ora, vamos nos ater às demais características do contexto de trabalho das equipes que têm impacto em sua efetividade.

A respeito do clima de confiança, é importante garantir que os integrantes da equipe confiem não somente uns nos outros, mas também na liderança. Se isso não ocorre, as pessoas começam a utilizar mecanismos de defesa e a trabalhar por objetivos individuais, o que compromete a sinergia.

Por fim, é necessário propiciar à equipe um sistema claro, transparente e justo de avaliação de desempenho e de recompensas. Você se lembra da teoria do estabelecimento de metas que vimos ao abordar a motivação no Capítulo 2? A lógica aqui é aplicá-la ao trabalho da equipe. É preciso esclarecer, em termos mais objetivos possíveis, o que é esperado de cada um, o que será cobrado e depois avaliar se os componentes atingiram o estabelecido; em caso positivo, é preciso garantir que recebam as recompensas que foram inicialmente prometidas, de modo a atribuir e manter a credibilidade do sistema de avaliação e recompensas. Se as pessoas acreditam que não receberão aquilo que estão almejando, não despenderão o esforço necessário para alcançar as metas, e, portanto, não haverá um trabalho efetivo de equipe.

4.2.5.2 Composição da equipe

Segundo Chiavenato (2005), a forma como a equipe está composta também é capaz de influenciar o desempenho dela. É necessário estar atento para que entre as pessoas que a integram estejam distribuídas todas as habilidades requeridas para o desempenho das tarefas. Além disso, é importante levar em conta as diferenças de personalidade, devendo-se observar que, dependendo do objetivo e das tarefas, será melhor formar equipes mais homogêneas ou mais diversas. Equipes homogêneas têm menor número de conflitos e demandam menos tempo para a execução de suas atividades, ao passo que as mais diversificadas levam mais tempo para tomar decisões e têm mais conflitos, porém encontram soluções mais criativas e inovadoras.

Como já mencionamos, o tamanho, a distribuição de papéis, o *status* e a diversidade da equipe também são relevantes e podem influenciar a maneira como as pessoas se comportam. Para relembrar essas influências, recomendamos a releitura da Seção 4.2.3 ("Propriedades dos grupos"), neste mesmo capítulo.

4.2.5.3 Projeto de trabalho

Relacionado fortemente com o conceito de enriquecimento de cargos, no qual se procura desenvolver um conjunto de atividades e responsabilidades que sejam interessantes e promovam a satisfação dos membros da equipe, o projeto de trabalho, conforme ressalta Chiavenato (2005), precisa considerar cinco requisitos: (1) liberdade e (2) autonomia aos participantes na realização das tarefas, para que coloquem em prática seus conhecimentos e habilidades; (3) tarefas variadas e não repetitivas ou entediantes; (4) significado naquilo que estão fazendo, compreendendo a função do que executam dentro de todo o esforço necessário para atingir os objetivos organizacionais; e, por fim, (5) identidade com suas tarefas, isto é, compreender por que é relevante que eles as desempenhem, e não outras pessoas, identificando-se com aquilo fazem.

4.2.5.4 Processo de trabalho

De acordo com Chiavenato (2005), uma vez que já se garantiram para a equipe o contexto, a composição e o projeto de trabalho adequado, é necessário gerenciar o processo de desempenho dela para garantir que ela mantenha alto nível de rendimento. No processo de trabalho, isto é, durante o desempenho da equipe, é preciso assegurar que todos os membros permanecerão comprometidos com os objetivos organizacionais e com o propósito comum estabelecido. Como vimos anteriormente, uma maneira efetiva de se obter isso é envolver as pessoas na definição dos objetivos.

Além disso, é fundamental traçar objetivos específicos, claros e, sempre que possível, quantificáveis e intermediários para guiar a atuação das pessoas ao longo do desempenho rumo ao objetivo principal (Chiavenato, 2005). Metas semestrais, mensais, semanais, diárias ajudam-nas a manter foco no padrão de desempenho que devem alcançar, além de permitir, perceber com antecedência um desempenho desviante que levará ao não atingimento do que foi estabelecido.

Durante o processo de desempenho da equipe, é necessário gerenciar as relações interpessoais para se certificar de que se manterá o clima de confiança entre os pares. Para tal, os níveis de conflito e de folga social precisam ser gerenciados (Chiavenato, 2005). O conflito é inevitável nas equipes e é importante que exista. De um lado, é justamente da contraposição de ideias que podem surgir coisas novas e criativas; de outro, se passa de certo limite e chega a se expressar na dimensão pessoal, torna-se contraproducente para o desempenho da equipe, pode levar à divisão dela em subgrupos e acabar com a sinergia e com o comprometimento unificado com o objetivo principal.

A folga social, por sua vez, é definida por Robbins (2005) como um fenômeno comum nos grupos e equipes de trabalho e caracteriza-se pela situação em que, uma vez que várias pessoas são responsáveis, algumas fazem menos do que deveriam sem serem identificadas. Isso se dá porque a atuação dos demais colegas acaba compensando a *performance* inferior. Nesses casos, é necessário gerenciar a folga social para não permitir que ultrapasse níveis de aceitação da equipe e seja vista como inequidade e injustiça de tratamento. Se isso ocorre, passa a prejudicar o desempenho eficaz da equipe, pois a percepção de injustiça desmantela os esforços de garantir coesão e clima de confiança mútua entre os membros e os incentiva a buscar objetivos particulares e não mais aqueles comuns a todos.

Perceba que grande parte do que faz uma equipe ser eficaz ou não depende da atuação de um líder para dirigir os esforços das pessoas no rumo correto. Por essa razão, é da atuação dele e do processo de liderança que trataremos a seguir.

4.3 Poder, política e liderança nas organizações

Poder, política e *liderança* são temas correlacionados nas organizações. Poder é a capacidade de influenciar o comportamento de outra(s) pessoa(s), e política e liderança são formas de exercício do poder. Vejamos esses conceitos com mais profundidade.

4.3.1 Poder nas organizações

Poder pode ser definido como a capacidade que uma pessoa A tem de influenciar o comportamento da pessoa B, de forma que B aja conforme o objetivo de A (Robbins, 2005). Vamos analisar esse conceito por partes: a capacidade de influência advém de uma relação de dependência em que uma parte (nesse caso, A) tem algo que outra parte (B) deseja. Quanto mais dependente B for de A, maior será a capacidade de influência de A sobre o comportamento de B.

Perguntas & respostas

O que é poder?
É a capacidade de influenciar o comportamento de outras pessoas ou grupos conforme interesses próprios.

O poder pode advir de diferentes fontes. Robbins (2005) lista cinco, as quais dão origem à capacidade de influenciar o comportamento alheio: o poder de coerção, o poder de recompensa, o poder legítimo, o poder de especialista e o poder de referência. Vejamos em detalhes cada um deles.

1. Coerção

De acordo com Robbins (2005), a coerção, ou o poder coercitivo, corresponde à influência que se consegue ter no comportamento de outra pessoa por meio da ameaça. A base é a posse ou controle de algum recurso que pode ser punitivo para a outra parte; desse modo, exerce-se influência sobre ela por meio do medo de punição.

Em relação ao poder coercitivo nas organizações, podemos verificá-lo em várias ações nas quais os gestores conseguem que os colaboradores realizem determinadas atividades ou comportamentos para evitar punições como demissão, suspensão, advertências. A estas acrescentam-se outras menos explícitas, como: ter de realizar tarefas que ninguém deseja fazer, que são mal vistas, desvalorizadas ou mais penosas; ser transferido de posto de trabalho ou de turno; ser o último da equipe a ter oportunidade de definir o período de férias.

2. Recompensa

O poder de recompensa, conforme Robbins (2005), diz respeito à influência exercida por meio da proposição de uma troca, ou seja, solicita-se um comportamento ou a realização de determinada atividade em troca de uma recompensa. A base desse poder repousa na posse ou controle de recursos que são desejados pelos indivíduos a serem influenciados.

Nas organizações, podemos observá-lo em inúmeras ações em que os gestores conseguem que os colaboradores realizem determinadas tarefas ou assumam condutas para obter recompensas tanto financeiras quanto psicológicas. Aumentos salariais, bônus, comissões, benefícios, programas de participação nos lucros e premiações, entre outras, enquadram-se no primeiro grupo. Entre as recompensas psicológicas, podemos citar o reconhecimento, os elogios, os rituais de honra pública, como cerimônias de premiação e aplausos, e também as promoções, a possibilidade de a pessoa ter preferência em escolhas do horário de trabalho, turno, período de férias, optar pelas atividades que acha mais interessante realizar e pelas equipes nas quais deseja participar etc.

3. Poder legítimo

De acordo com Robbins (2005), o poder legítimo advém da aceitação social da situação de influência, decorre da estrutura, das relações de papéis e do *status* de uma sociedade ou grupo, em que, por uma questão cultural, se aceita a influência advinda de certas posições sociais.

Nas organizações, o poder legítimo provém principalmente do cargo e do lugar por ele ocupado na hierarquia e na cadeia de comando da estrutura organizacional. Assim, é aceita como legítima a ordem ou o comando de alguém que ocupa um cargo mais alto em relação aos dos subordinados.

> **Perguntas & respostas**
>
> **O que é autoridade?**
> É o exercício do poder de forma legitimada. Em outras palavras, é a relação de influência em que o influenciado aceita a legitimidade do influenciador para determinar como ele deve se comportar ou quais atividades deve realizar.
> São exemplos de autoridade vários papéis sociais entendidos como legítimos para influenciar o comportamento de seus correspondentes: um gerente em relação aos subordinados, um pai em relação aos filhos, um sacerdote em relação aos fiéis, um representante político em relação aos cidadãos que participaram do processo eleitoral. Diferentes grupos sociais estabelecem, conforme sua cultura e sua moral, os papéis que consideram legítimos para exercer autoridade.

4. Poder de especialista

Trata-se da influência que decorre do convencimento por meio da exposição de ideias, argumentos, conhecimentos ou habilidades de poder de especialista. Nesse caso, conforme assinala Robbins (2005), a influência se dá porque o influenciado acredita que aquilo que o influenciador está dizendo que deve ser feito é o mais correto, eficiente ou melhor, visto que crê que este possui *expertise* sobre o assunto. Nas organizações, o poder de especialista advém principalmente do conhecimento técnico a respeito do trabalho.

5. Poder de referência

De acordo com Robbins (2005), o poder de referência se baseia na identificação e no carisma e decorre do desejo dos influenciados de agirem como o influenciador age ou diz que devem fazê-lo, por desejarem ser iguais a ele ou ter seu respeito, admiração ou afeto. Esse poder tem como alicerces a admiração e o desejo de ser igual ao influenciador e é comumente utilizado na propaganda e no *marketing*, em que celebridades admiradas são mostradas usando certos produtos ou falando bem de determinadas marcas.

No dia a dia organizacional, esse poder também é utilizado por muitos gestores que procuram liderar pelo exemplo, incentivando os colaboradores a agir da mesma forma que ele. Outro exemplo bem familiar é o dos influenciados que ficam conhecidos como "puxa-sacos", que fazem o que o gestor determina em troca de ter a amizade, o afeto ou mesmo a predileção dele ante os demais.

Podemos verificar que, das cinco fontes de poder, as três primeiras advêm de bases formais da estrutura das organizações (coerção, recompensa e autoridade), isto é, simplesmente ao ocupar determinada posição ou papel na organização, o colaborador já tem acesso a essas fontes. As últimas duas provêm de características pessoais (especialista e referência), dependem de a pessoa ter conhecimentos, habilidades, persuasão, saber comunicar-se, ser carismática, empática ou ter outros atributos socialmente valorizados. Em termos de efetividade, todas as cinco fontes são capazes de exercer influência no comportamento de outras pessoas. No entanto, estudos demonstram que influências realizadas nas bases do **poder de especialista** e do **poder de referência** são mais duradouras do que as exercidas nas bases de poder formais (Robbins, 2005).

A influência com base na **coerção**, embora funcione, acarreta um clima de insatisfação entre os influenciados, os quais são forçados a ficar cedendo a ameaças. Além disso, ela só funciona se as pessoas estiverem sendo constantemente supervisionadas, por isso não tem um impacto duradouro em seu comportamento. Imagine um pai que deseja que seu filho estude; ao utilizar-se da coerção, ele pode criar uma ameaça: "Filho, estude, pois, se você tirar nota abaixo da média, vou colocá-lo de castigo!". Essa forma de influenciar fará com que a criança se esforce a fim de evitar a punição; porém, o pai terá de ficar vigiando para saber se a nota já saiu ou não e, caso o filho tire uma nota baixa, é possível que se sinta incentivado a esconder o resultado do pai. Devemos mencionar outro ponto sobre a coerção: ela depende da credibilidade da ameaça e, se utilizada indiscriminadamente, perde a eficácia, isto é, as pessoas deixam de acreditar que vão de fato ser punidas.

Em contrapartida, a influência com base na **recompensa** cria uma relação instrumental de troca, de "ganha-ganha". O influenciado faz o que o influenciador quer e, em troca, recebe alguma retribuição que deseja. Embora seja uma forma mais sofisticada que a baseada na coerção, a recompensa não liga aquilo que o indivíduo vai receber com o resultado natural de seu esforço e, nesse caso, também é uma influência somente momentânea no comportamento, no sentido de que a pessoa não aprende a se comportar daquela maneira, mas somente faz aquilo quando deseja receber algo em troca.

Imagine o exemplo anterior, em que o pai exerce influência com base na recompensa e diz ao filho: "Estude, pois, se você tirar nota acima da média, eu lhe darei um presente". Até é provável que a criança estude, mas não por compreender a importância da educação, e sim para se sair bem naquela prova em particular; uma vez atingido o objetivo, cobrará a recompensa. A partir daí, será necessário oferecer novas recompensas sempre que se quiser fazer com que essa criança estude.

O **poder legítimo**, por sua vez, tem efetividade semelhante à da coerção e à da recompensa, pois o poder de coagir ou de recompensar está implícito na atuação da pessoa que se percebe como detentora de autoridade. Vamos continuar com nosso exemplo. O pai que quer que o filho estude poderia simplesmente dizer: "Estude, porque eu sou seu pai e estou mandando". Não há necessidade de esclarecer quais são as punições ou recompensas implícitas nessa relação; por uma questão de aceitação do papel social, fica subentendido que é legítimo que o filho obedeça àquilo que o pai pede. As consequências do uso da autoridade em termos da efetividade de sua influência são, portanto, semelhantes às que já vimos sobre o poder coercitivo e o de recompensa.

As fontes de influência de base pessoal, por outro lado, são capazes de promover uma influência mais profunda e duradoura no comportamento das pessoas, dado que são internalizadas pelos influenciados, os quais passam a agir de tal maneira porque desejam por si mesmos assim fazer. O **poder de especialista** é utilizado na influência por meio do esclarecimento e da divulgação de informações que convencem o influenciado a se comportar de determinada forma. Mais uma vez recorremos ao exemplo do pai que quer que o filho estude. O pai pode dizer: "Estude, pois estudar é muito bom, faz você ter acesso a conhecimentos, permite que entenda melhor como o mundo funciona, o torna uma pessoa mais interessante, lhe dá oportunidades melhores no futuro etc.".

Se a criança de fato compreender e concordar com o argumento do pai, ela passará a estudar não porque uma influência externa a está levando nessa direção, mas porque deseja alcançar o resultado natural do estudo, isto é, vai ser beneficiada por sua ação. Não se trata de recompensas aleatórias (como presentes, prêmios, bônus, viagens etc.), e sim da consequência direta do próprio comportamento, do resultado natural da ação de estudar. Essa influência é duradoura pois, mesmo na ausência do pai, se a criança internalizou o argumento a respeito da importância do estudo, ela irá estudar por acreditar que essa é a coisa certa, eficiente e efetiva a se fazer.

Por fim, sobre a eficiência da influência com base no **poder de referência** ou da **identificação**, também se mostra duradoura e funciona desde que a pessoa que a exerce continue sendo admirada ao longo do processo. Dificilmente um pai magrelo e franzino convencerá o filho a "comer todos os vegetais para ficar forte igual ao papai" ou um pai que não estudou, que não demonstra preocupar-se com isso no dia a dia conseguirá influenciar o filho a seguir seu exemplo e se dedicar aos estudos.

Trazemos aqui o exemplo do pai por ser uma situação de um papel social que envolve as cinco fontes possíveis de influência. Não é necessário termos acesso a elas para conseguir exercer influência; porém, quanto mais fontes pudermos utilizar em uma relação, mais poder conseguiremos exercer.

Pelo simples fato de ocupar o cargo de gestor em uma estrutura hierárquica, este já tem acesso à coerção (pode demitir, suspender, repreender subordinados), a recompensas (pode promover, premiar, bonificar subordinados) e ao poder legítimo. Isso porque, ao assinar um contrato de trabalho com uma empresa, o colaborador aceita se submeter àquela estrutura hierárquica e, portanto, legitima a autoridade do superior hierárquico para tomar decisões e delegar-lhe atividades e objetivos. Se esse gestor, dadas as características pessoais, também tiver conhecimento técnico e experiência, souber se comunicar bem e conseguir persuadir os subordinados, ele terá influência de especialista. Se, além do mais, for bem visto e admirado pelos liderados, poderá, ainda, exercer influência por meio do poder de referência.

Outros fatores que podem atribuir mais poder em uma situação dizem respeito ao grau de dependência que os influenciados têm em relação ao influenciador; estão relacionados ao controle de recursos que são importantes, escassos e insubstituíveis. A importância dos recursos em uma organização refere-se ao fato de serem valorizados pelos demais. Assim, uma pessoa ou grupo que controla recursos importantes para outros que não os detêm estabelece com eles uma relação de dependência. Informações, materiais e instrumentos necessários à realização do trabalho, à obtenção de recompensas financeiras etc. são alguns exemplos. Se, além de importantes, esses recursos forem escassos na organização, isto é, se existirem em pouca quantidade, tiverem disponibilidade restrita ou estiverem sob o controle de poucas pessoas, a relação de dependência se intensificará. E mais: se tais recursos não tiverem substituto, ou seja, se somente aqueles forem capazes de cumprir a função a que se destinam, a relação de dependência se tornará ainda maior.

Portanto, numa situação em que uma pessoa ou grupo tem controle sobre recursos importantes, escassos e insubstituíveis, aquelas que desejam ou precisam ter acesso a eles não têm outra opção senão se engajar nessa relação de dependência. Como no caso do poder potencial, é provável que quem os controla não demande nada em troca do acesso a eles ou mesmo que utilize essa relação de dependência para influenciar as pessoas a realizar atividades e objetivos que têm interesse em concretizar.

Até este ponto refletimos sobre o poder, que é a capacidade de influenciar o comportamento de outras pessoas para atingir objetivos; trata-se, portanto, de uma potencialidade, que pode não ser utilizada; quando o poder é colocado em prática, passamos a chamá-lo de *política*. Nas organizações, ela é constituída, pois, das relações de poder que de fato se efetivam ali.

Assim como ocorre com a formação de grupos, as ações políticas também podem ser formais ou informais. Quando se trata daquelas legitimadas pela estrutura normativa da empresa, sua hierarquia e cadeia de comando, as relações de poder se configuram como relações de liderança. Já quando as ações se utilizam do poder de forma a concretizar objetivos particulares ou de subgrupos dentro da organização, convencionamos chamá-las de *política organizacional*.

4.3.2 Política organizacional

Quando as pessoas em uma organização traduzem seu poder em ações, estão fazendo política. Quando o utilizam para atingir objetivos do grupo de acordo com as normas e a estrutura hierárquica da empresa, dizemos que se trata do fenômeno da autoridade e da liderança. Nesse caso, a política seria considerada legítima na organização. Por outro lado, sempre que as pessoas traduzem seu poder em ações não condizentes com as normas corporativas e cujo objetivo está voltado a interesses particulares não congruentes com os da organização, dizemos que se trata de política organizacional não formal, que, de maneira geral, busca-se inibir.

Embora liderança e política sejam conceitos relacionados, líderes usam o poder para atingir objetivos grupais. Isso requer que os objetivos deles e dos liderados sejam compatíveis e se deem numa relação descendente, em que o superior hierárquico influencia o comportamento de seus subordinados.

Já a política diz respeito à prática do poder em suas mais diferentes formas, não requer compatibilidade de objetivos entre quem exerce o poder e aquele que sofre a dependência e pode ser exercido de forma tanto descendente quanto ascendente e lateral. Isso significa que a influência decorrente da ação política pode se dar de pessoas que ocupam cargos mais altos na hierarquia em relação àquelas que ocupam cargos mais baixos, das que estão em cargos mais baixos para outras que estão acima e entre pessoas que se encontram no mesmo nível hierárquico.

Robbins (2005) enumera nove táticas de poder utilizadas na política organizacional: legitimidade, persuasão racional, apelo inspirador, consulta, troca, apelos pessoais, insinuações, pressão e formação de coalizões. Segundo o autor, as formas mais sutis de exercício de poder – como a persuasão, o apelo e a consulta – são as mais efetivas; a com menos efetividade é a pressão. Vejamos cada uma delas.

1. **Tática de legitimidade**: uso da autoridade da posição hierárquica que se ocupa na empresa, das políticas e das regras da organização.
2. **Tática da persuasão racional**: uso de argumentos lógicos e evidências factuais para o convencimento.
3. **Tática do apelo inspirador**: promoção do comprometimento emocional da pessoa ou grupo a ser influenciado, apelo aos seus valores, necessidades, esperanças ou desejos.
4. **Tática da consulta**: envolvimento dos influenciados na tomada de decisão para aumentar seu apoio e motivação.
5. **Tática da troca**: oferecimento de recompensas com benefícios ou favores.

6. **Tática dos apelos pessoais**: solicitação de apoio com base em amizade, lealdade e afeto.
7. **Tática da insinuação**: uso de elogios, agrados e comportamento amigável.
8. **Tática da pressão**: uso de alertas, avisos, ameaças e coerção.
9. **Tática da coalizão**: obtenção de ajuda de outros para, por meio da união, persuadir a quem se quer influenciar.

As coalizões constituem as principais táticas dos grupos informais nas organizações, porque a união faz com que as pessoas consigam obter poder de barganha para conquistar seus interesses. Um exemplo de coalizão muito comum nas organizações são os sindicatos.

Os principais interesses pessoais que levam as pessoas a se engajarem em política organizacional envolvem o desejo de ocuparem papéis de influência, obterem recompensar e serem promovidas. Robbins (2005) destaca que o comportamento de política organizacional consiste em atividades que não exercer parte do papel formal ou do cargo que a pessoa ocupa, mas que ela escolhe fazer para conseguir mais influência e vantagens dentro da organização. Conforme assinala o autor, os comportamentos de política organizacional incluem esforços para influenciar os objetivos, os critérios e os processos de tomada de decisão. Isso ocorre, por exemplo, quando indivíduos "retêm" ou escondem informações importantes, se juntam em coalizões, espalham rumores, fazem fofoca, vazam informações, trocam favores e fazem *lobby* a favor ou contra indivíduos ou decisões que lhes sejam de interesse.

Como as organizações são formadas por diversos indivíduos e grupos com vários valores e interesses, é natural que o conflito e a busca de controle pelos diferentes recursos ocorram. No entanto, a política organizacional pode ser intensificada ou dirimida conforme alguns fatores da estrutura. Especificamente, organizações caracterizadas por falta de confiança em sua gestão, ambiguidade de papel, instabilidade, avaliação de desempenho definida de forma não transparente e nas quais há percepção de injustiça nos sistemas de recompensa e promoção estão mais propícias a desenvolver alto grau de política organizacional.

Sabemos que um ambiente de muita politicagem é tido como local de insatisfação para grande parte dos colaboradores. A esse respeito,

Robbins (2005) comenta que nesse caso eles tendem a se comportar de maneira defensiva, pois percebem a política como uma ameaça. Como ações reativas, as pessoas podem ter comportamentos de proteção, evitar a ação (a fim de não cometerem erros e serem culpabilizados) e evitar mudanças, além de haver perdas em produtividade.

Estudo de caso

A reportagem reproduzida a seguir retrata a realidade em uma empresa brasileira muito bem-sucedida economicamente e de renome internacional. Por questões éticas, vamos manter o nome dela em sigilo e substituí-lo por *Empresa X*.

Apesar de estar listada entre as 100 melhores empresas para trabalhar no Brasil de acordo com o Instituto Great Place to Work, muitos funcionários são extremamente insatisfeitos com o estilo de gestão da Empresa X, e a quantidade de processos trabalhistas é bem grande. Isto porque ela adota uma filosofia de trabalho baseada em metas, com foco total nos resultados e na eficiência. Assim, busca, ao máximo, cortar gastos e associar o ganho financeiro de seus empregados à produtividade e ao desempenho nas vendas. Essa postura acaba, muitas vezes, criando um ambiente violentamente competitivo, expondo as pessoas que lá trabalham a situações humilhantes que violam sua dignidade. Por conta disso, diversas são as ações movidas contra a empresa por assédio moral.

No Sergipe há uma reclamação trabalhista de alguns anos atrás em que um ex-empregado alega que era obrigado, caso não cumprisse os objetivos determinados, a fazer flexões até a exaustão com o chefe lhe pisando as costas. Além disso, companheiros seus relataram que um de seus supervisores portava arma de fogo e chegou a dar tiros no emblema da concorrente. Em fevereiro deste ano a Empresa X teve recurso negado para anular uma condenação da Justiça por obrigar funcionários que não cumprissem metas a se deitarem em caixões, sendo às vezes representados por ratos e galinhas enforcados na sala de reunião. Um ex-empregado de Minas Gerais, que recebeu sentença favorável do TST por assédio moral, contou que os vendedores eram obrigados a usar saias, capacetes com chifres, usar batom, e a ouvir xingamentos dos superiores. Em 2004 a empresa foi condenada a pagar R$ 21,6 mil em danos morais por obrigar o autor da ação a passar por um "corredor polonês" enquanto era xingado quando não cumpria as metas. Ainda, quem se recusava a entrar no tal "corredor" era obrigado a vestir uma saia e desfilar em cima de uma mesa. Nesse caso, a Empresa X argumentou em defesa que os constrangimentos eram decorrentes do não cumprimento de metas e que as punições eram aplicáveis a todos, ou seja, não havia discriminação.

Talvez o caso mais conhecido, por conta do valor estabelecido como indenização, seja o da ação coletiva realizada no Rio Grande do Norte. A empresa foi obrigada a pagar uma indenização no valor de R$ 1 milhão por impor situações vexatórias aos que não alcançavam os objetivos definidos, como o impedimento de sentar durante as reuniões, a obrigação de dançar na frente dos outros e de usar camisas com dizeres ofensivos. Em acordo extrajudicial firmado com o Ministério Público em 2008, a Empresa X reverteu parte da indenização em uma campanha contra o assédio moral veiculada nos meios de comunicação do estado.

Fonte: ERA, 2015.

O assédio moral é um abuso de poder em que um indivíduo (ou indivíduos) se utiliza de seu poder legitimado pela organização para expor pessoas que dependem dele a situações vexatórias e cruéis. Segundo o Ministério do Trabalho, o assédio moral se caracteriza por

> atos cruéis e desumanos que caracterizam uma atitude violenta e sem ética nas relações de trabalho, praticada por um ou mais chefes contra seus subordinados. Trata-se da exposição de trabalhadoras e trabalhadores a situações vexatórias, constrangedoras e humilhantes durante o exercício de sua função. É o que chamamos de violência moral. Esses atos visam humilhar, desqualificar e desestabilizar emocionalmente a relação da vítima com a organização e o ambiente de trabalho, o que põe em risco a saúde, a própria vida da vítima e seu emprego. A violência moral ocasiona desordens emocionais, atinge a dignidade e identidade da pessoa humana, altera valores, causa danos psíquicos (mentais), interfere negativamente na saúde, na qualidade de vida e pode até levar à morte. (Brasil, 2009, p. 13)

Infelizmente conhecemos muitos exemplos de abuso da autoridade cometido por pessoas quando ocupam cargos de chefia nas organizações. Faça uma pesquisa e identifique ações de assédio moral movidas contra empresas da sua cidade ou região. Esse é um bom indicador para reconhecermos aquelas que são éticas e responsáveis e as que apresentam um ambiente de trabalho no qual imperam a política ou politicagem organizacional e o abuso de poder.

4.3.3 Liderança

De forma bastante simplificada, podemos afirmar que liderança consiste na habilidade de influenciar o comportamento de outras pessoas ou grupos para a realização de um objetivo comum. Vamos analisar essa definição por partes.

Na liderança, a influência implica uma relação interpessoal em que um indivíduo age para provocar ou modificar o comportamento de outro (ou outros). Disso temos que numa relação em que ocorre a liderança sempre haverá a figura do líder e a do liderado (ou dos liderados). Além disso, diferentemente das outras formas de exercício de poder, ela pressupõe que os atores tenham o mesmo objetivo.

A influência que o líder exerce sobre os liderados se relaciona intimamente com o conceito de poder e de autoridade, pode advir de diferentes fontes e ser formal ou informal. Como vimos, o poder é a capacidade de uma pessoa de influenciar o comportamento de outras. Robbins (2005) define com mais clareza: quando essa influência é percebida como legítima, ela se constitui na autoridade, isto é, a autoridade e o poder que se podem exercer graças a uma posição ou papel social que se ocupa configuram o poder socialmente aceito.

Nas organizações, a cadeia de comando estabelecida pela hierarquia demonstra que cargos têm legitimidade para estabelecer ordens e para quem; dessa forma, as pessoas que os ocupam detêm poder legítimo para definir o que seus subordinados devem ou não fazer, ou seja, têm autoridade sobre os outros cargos. A influência que é exercida por ocupantes da cadeia de comando de uma organização é chamada de **autoridade**, e essa forma de liderança, de **liderança formal**.

Entretanto, não apenas a liderança formal é capaz de influenciar o modo como as pessoas vão agir nas organizações. As **lideranças informais**, mesmo sem terem autoridade gerencial, também conseguem modificar os esforços das pessoas para o atingimento de objetivos específicos, particulares, isto é, que não necessariamente correspondem às diretrizes organizacionais.

Se não têm autoridade, de onde vem o poder dos líderes informais para influenciar as pessoas? Ele se origina, principalmente, das características pessoais, do conhecimento, da capacidade de argumentação, de persuasão e do poder de referência que têm. A origem, portanto, está nas bases ou fontes de influência que vimos na Seção 4.3.1 ("Poder nas organizações").

Além de se preocuparem com a fonte do poder para se conseguir influenciar o comportamento de outro(s) indivíduo(s) ou grupos, as pesquisas sobre liderança costumam buscar identificar os fatores que estão relacionados com uma liderança mais efetiva. De modo geral, podemos caracterizar três tipos de teorias sobre liderança: teorias que focam as características ou traços do líder, teorias comportamentais de liderança e teorias de liderança situacional ou contingencial, as mais recentes, mais aceitas e disseminadas atualmente.

As primeiras teorias sobre liderança se voltavam para identificar as características pessoais dos grandes líderes. Ficaram conhecidas por serem teorias dos **traços de liderança**, uma vez que envidavam esforços para perceber atributos de personalidade, físicos ou intelectuais que diferenciavam os líderes dos demais. Embora tenham causado grande influência no pensamento administrativo e até hoje haja muitos gestores que acreditam que a liderança é um dom que deve ser identificado nas pessoas, tais teorias foram aos poucos sendo substituídas. A principal desvantagem delas foi que, na tentativa de descobrir as características dos líderes que os levavam a ser influentes perante os demais, identificou-se uma infinidade de traços, alguns até mesmo contraditórios, o que não permitiu traçar um perfil consistente do que seriam os elementos constitutivos de um líder de sucesso.

Em um segundo momento do desenvolvimento de teorias sobre liderança, começaram a ser desenvolvidas as de **enfoque comportamental**. Nesse caso, em vez de tentar encontrar traços de personalidade que faziam com que algumas pessoas se tornassem líderes, passou-se ao esforço de identificar os comportamentos realizados por eles que os levavam a ter influência sobre a conduta dos demais.

As teorias dos traços tinha como pressuposto que as características de liderança advinham da personalidade dos indivíduos e que, portanto, cabia às organizações identificar pessoas com tal perfil e selecioná-las para os cargos e papéis de liderança da organização. As teorias comportamentais, por sua vez, pressupunham que a forma como o líder se portava perante os liderados era determinante para o estabelecimento do processo de liderança; tratava-se, portanto, de uma competência que poderia ser ensinada por meio de treinamento a qualquer pessoa que viesse a assumir um cargo dessa natureza.

As principais investigações sobre esses temas foram realizadas em universidades americanas nas décadas de 1930 e 1940 e obtiveram resultados semelhantes. Em uma das primeiras, publicada pela Universidade de Iowa, na década de 1930, Kurt Lewin e colaboradores identificaram três estilos de liderança: a autocrática, a *laissez-faire* (ou liberal) e a democrática.

A **liderança autocrática** é aquela em que o líder se comporta de maneira a seguir as diretrizes e tomar as decisões da equipe sozinho, apenas informando a ela o que deve ser feito e supervisionando os colaboradores de perto para garantir que estão cumprindo suas ordens. A **liderança liberal** ou *laissez-faire*, por sua vez, é aquela em que o líder exerce uma influência mínima no grupo, sua supervisão é muito distante e outorga total liberdade para as decisões grupais ou individuais. Nesse caso, o líder não se comporta de modo a tentar regular ou dirigir as ações da equipe.

A **liderança democrática** foi o terceiro estilo identificado pelo grupo de Kurt Lewin. Nele o líder esboça as diretrizes e fomenta a discussão e a participação da equipe na tomada de decisão; não centraliza em si a autoridade, mas conduz e orienta as pessoas, agindo como um facilitador.

A influência dessa pesquisa pode ser percebida nas diversas teorias comportamentais de liderança propostas subsequentemente. Conforme Robbins (2005), elas começaram a identificar diversas dimensões de comportamento que levariam a uma liderança efetiva, e estudos posteriores acabaram por englobá-las em dois grandes fatores comportamentais: a **iniciação de estruturas** e a **consideração**. O primeiro se relaciona à extensão em que o líder toma iniciativa em definir a estrutura de papéis do grupo, seu papel de liderança e de distribuição dos demais papéis entre os participantes a fim de atingir o objetivo. O conjunto de comportamentos envolvidos inclui esforços para organizar o trabalho no grupo, estabelecer relacionamentos e objetivos. Um líder com alta propensão a esse comportamento toma iniciativa e delega atividades e responsabilidades aos demais membros do grupo, coordena os esforços para garantir o atingimento dos objetivos e controla o tempo e os recursos para poder alcançar as metas dentro dos prazos e das limitações estabelecidas.

O estilo dele é conhecido também como **liderança orientada para a produção** ou **liderança orientada para resultados** (Robbins, 2005). Já a consideração é um fator que engloba comportamentos relacionados ao esforço em respeitar as ideias dos demais membros, levar em conta os sentimentos deles e manter um clima de confiança mútua. Um líder com alta propensão a esse comportamento ajuda os subordinados nos problemas pessoais deles, é amigável e acessível, trata a equipe com igualdade, equidade e justiça, expressa consideração e apoio. Esse estilo é conhecido também como **liderança orientada para pessoas** ou **liderança orientada para relações** (Robbins, 2005).

Pesquisas publicadas pela Universidade de Michigan em 1940 mostraram que, de forma geral, líderes centrados nas pessoas, ou em relacionamentos, se preocupavam mais com o bem-estar de seus subordinados e tinham equipes mais produtivas que aqueles focados exclusivamente em resultados. Teorias mais recentes sobre efetividade da liderança levaram esses estudos adiante e sinalizaram que, dependendo da situação, das contingências específicas de cada caso, diferentes estilos de liderança poderiam ser igualmente eficientes. São as **teorias situacionais ou contingenciais da liderança**, nas quais o que vimos sobre as teorias dos traços e as teorias comportamentais de liderança é relacionado com as contingências específicas da situação em que se quer exercer influência, para que seja possível, assim, determinar que formas de comportamento são mais efetivas em cada situação.

As teorias situacionais, de forma geral, consideram que o líder deve analisar o cenário e escolher a forma de liderança mais efetiva para aquele caso. As situações variam conforme as características do líder (personalidade, capacidade de moldar o comportamento de acordo com a situação demanda), dos liderados (se são pessoas maduras ou imaturas, se têm conhecimento da tarefa a ser desempenhada ou não, se se trata de um grupo recém-formado ou acostumado a trabalhar junto, entre outras) e da situação em si (se é nova e demanda ação urgente, se é nova, mas há tempo para mudar, se é rotineira etc.).

Uma das teorias sobre liderança situacional ou contigencial mais disseminadas foi a proposta por Fred Edward Fiedler, um psicólogo americano muito influente na área de psicologia organizacional e industrial, bem como na de comportamento organizacional. Sua principal contribuição teórica ao desenvolver o modelo contingencial de liderança foi combinar os estilos de liderança (como identificados nas teorias comportamentais) de acordo com a situação do grupo ou da organização.

Fiedler (1970) criou um método para diagnóstico do estilo de liderança de cada indivíduo e da situação a ser liderada e estabeleceu um diagrama de adequação de cada situação a cada estilo. Ele trabalhou com os estilos de liderança identificados pelas teorias comportamentais, com o estilo voltado para resultados e o estilo voltado para relações. Desenvolveu um questionário (chamado *Least Preferred Coworker* – LPC, que em português significa "colega menos favorito") que permitiria identificar o estilo de liderança de cada indivíduo e verificar se o comportamento do respondente pontuava alto ou baixo para a consideração, isto é, para o estilo de liderança voltado para relacionamentos.

Em relação à análise da situação, Fiedler (1970) identificou três variáveis que deveriam ser analisadas:

- a relação líder-liderados (se era boa ou ruim);
- a estruturação das tarefas a serem desenvolvidas (se eram muitas ou poucas), isto é, o grau de compreensão, conhecimento e organização já apresentado pelo grupo para realizar a tarefa; e
- o poder de posição do líder (alto ou baixo), isto é, a autoridade dele para recompensar ou punir os membros do grupo e sua experiência técnica em relação ao desenvolvimento da tarefa.

A combinação desses três fatores resultariam em oito situações ou contingências de liderança, as quais deveriam ser combinadas com o estilo de liderança identificado pelo questionário LPC, como podemos verificar no Quadro 4.1.

Variáveis do comportamento organizacional relacionadas aos grupos

Quadro 4.1 – Esquema explicativo da teoria da liderança contingencial de Fiedler (1970)

	FAVORÁVEL		MODERADO			DESFAVORÁVEL		
Grau	1	2	3	4	5	6	7	8
Relação líder-liderado	boa	boa	boa	boa	pobre	pobre	pobre	pobre
Estruturação da tarefa	elevada	elevada	baixa	baixa	elevada	elevada	baixa	baixa
Poder de posição	forte	fraco	forte	fraco	forte	fraco	forte	fraco
Relação líder-membro	+	+	+	+	–	–	–	–
Estruturação da tarefa	+	+	–	–	+	+	–	–
Poder de posição do líder	+	–	+	–	+	–	+	–
Favorabilidade geral da situação	Muito favorável							muito desfavorável
LPC adequado	baixo	baixo	baixo	elevado	elevado	elevado	elevado	baixo
Orientação motivacional adequada	tarefas	tarefas	tarefas	pessoas	pessoas	pessoas	pessoas	tarefas

Fonte: Adaptado de Chiavenato, 2005.

Perceba que, conforme a teoria proposta por Fiedler, o estilo de liderança voltado para pessoas não é considerado o mais efetivo para todas as situações, como havia sido identificado nos estudos do grupo de Michigan, mas somente para aquelas consideradas moderadas a desfavoráveis. Nos cenários em que a equipe é mais madura, mais acostumada com a tarefa e tem boa relação com o líder, a liderança mais efetiva passa a ser a voltada para resultados. O mesmo ocorre quando a situação é completamente desfavorável: como não há nenhuma condição de se delegar o trabalho para a equipe – uma vez que ela não conhece a tarefa e não confia no líder –, o interessante é a utilização de uma liderança mais voltada à iniciação de estruturas para começar o desenvolvimento do grupo. Por outro lado, uma vez iniciada a estruturação, o estilo de liderança voltado para pessoas, por ser mais paternalista, é mais eficiente na tarefa de promover a confiança mútua e o estabelecimento de vínculos necessários ao desenvolvimento para o bom desempenho da equipe.

As críticas dirigidas à teoria de Fiedler residem principalmente em seu questionário de identificação de estilo de liderança dos indivíduos, pois tem como pressuposto que cada indivíduo consegue realizar apenas um estilo de liderança e apresenta como consequência para as organizações que, se assim for, em cada nova situação o líder terá de ser substituído por um que melhor se adapte àquelas contingências. No entanto, a inovação trazida por seu modelo – a de que é necessário identificar as contingências da situação e do grupo para se adequar o estilo de liderança caso a caso – continua prevalecendo nas pesquisas realizadas posteriormente.

As implicações das teorias contingenciais da liderança para os gestores é a de que devem conhecer as possibilidades de ação mais adequadas para cada tipo de situação, assim como saber ler as diferentes situações.

De modo geral, podemos imaginar as possibilidades de ação do líder como variando em uma linha contínua: em um extremo, ele pode ser autoritário e, em outro, democrático; em outra linha, em um extremo, pode ser voltado para tarefas e, em outro, voltado para pessoas. Cada situação demandará que o líder assuma comportamentos diferentes para liderar de forma mais eficiente. Situações em que os liderados são imaturos ou não têm conhecimento técnico sobre a atividade a ser realizada ou casos nos quais o grupo foi composto recentemente e os participantes ainda não se conhecem demandam uma atuação mais autoritária e voltada para tarefas. O líder deverá tomar decisões sozinho e impô-las aos liderados, visto que não há conhecimento técnico, maturidade ou integração suficiente para que participem delas. O comportamento esperado nesse caso é o de iniciação da estrutura.

Nas situações em que os liderados são maduros, têm conhecimento técnico sobre a atividade a ser realizada e estão integrados em uma equipe na qual já há confiança mútua, o líder que for autoritário será rejeitado. É interessante nesse caso assumir uma liderança democrática, em que os próprios membros do grupo definem os objetivos, os meios e a estrutura, e o líder desempenha um papel de facilitador da tomada de decisão. Porém, como os participantes já estão integrados, não há necessidade de desenvolvimento de suas relações, razão pela qual o estilo de liderança voltado para resultados continua sendo eficiente.

O estilo de liderança voltado para relacionamentos e para pessoas é o mais eficiente em situações nas quais é necessário desenvolver os membros do grupo e as relações interpessoais entre eles. Nesses casos, recomenda-se que os líderes emitam comportamentos condizentes com o fator *consideração* (visto anteriormente) e assumam um estilo paternalista (ou benevolente) de tomada de decisão, no qual se procura envolver os liderados no processo de identificação dos objetivos e dos meios de atingi-los, porém o líder ainda se responsabiliza pelo resultado final. O objetivo aqui é consultar e envolver os membros da equipe de modo a promover a participação deles nas decisões do grupo para ir desenvolvendo seu conhecimento sobre a tarefa e sobre os demais membros do grupo e a confiança entre os participantes. Isso vai promover a autonomia e fazer com que cheguem ao estágio em que o líder pode confiar que tomarão decisões adequadas e voltar a ser democrático.

A capacidade de assumir esses diferentes comportamentos e estilos de ação varia de pessoa para pessoa. Como vimos quando tratamos dos traços de personalidade, pessoas com alto grau de automonitoramento têm mais facilidade para dar conta de diferentes papéis; já aquelas com baixo grau desse atributo são mais rígidas na forma de agir e têm mais dificuldades de assumir comportamentos contraditórios.

Por tudo o que vimos sobre a liderança, podemos afirmar que se trata de um processo interpessoal que depende tanto das características do líder quanto das dos liderados e da situação em si. Uma pessoa que realizou ótima liderança em determinada situação não necessariamente será um líder de sucesso em todas as demais.

Devemos observar, ainda, que o papel do líder nas organizações é influenciar e dirigir os esforços de um grupo rumo a um objetivo e que os maiores desafios da liderança são: comprometer e manter comprometidos todos os participantes do grupo em relação a esse objetivo comum; trabalhar para que individualmente cada integrante desenvolva ao máximo suas capacidades e concretize suas potencialidades; desenvolver as pessoas para que estabeleçam relações mútuas de confiança e colaboração de modo a se tornarem uma equipe de alto desempenho, cujos esforços atinjam sinergia.

Síntese

Neste capítulo, abordamos as variáveis do comportamento organizacional que se dão no nível dos grupos. Vimos os fundamentos do comportamento grupal e a teoria da identidade social, bem como a diferença entre grupos formais e informais. Também apontamos e detalhamos as fases de desenvolvimento dos grupos, quais sejam: formação, tormenta, normatização, desempenho e ruptura. Analisamos as propriedades dos grupos, que são os papéis, as normas, o *status*, o tamanho, a coesão e a diversidade.

Tivemos oportunidade também de identificar a diferença entre grupos e equipes de trabalho e os principais fatores que influenciam o bom desempenho de uma equipe: o contexto de trabalho, a composição da equipe, o projeto de trabalho e a gestão do processo de trabalho da equipe.

Na sequência, passamos a examinar alguns fatores fundamentais presentes na interação das pessoas em grupos: o poder, a política e a liderança. Sobre o poder nas organizações, observamos que se trata de uma relação de dependência que pode advir de diferentes fontes: a coerção, a recompensa, a autoridade (poder legítimo), o poder de especialista e o poder de referência. Vimos também que, em termos de efetividade, as fontes de poder de caráter pessoal são mais efetivas que as de caráter formal.

Analisamos a política nas organizações e como este é um fenômeno malvisto, que tende a ser inibido por criar um ambiente improdutivo e de insatisfação. Tratamos de algumas táticas de poder que as pessoas utilizam nas organizações, tais como a legitimidade, a persuasão racional, o apelo inspirador, a consulta, a troca, os apelos pessoais, a insinuação, a pressão e a formação de coalizão, sendo esta última característica das ações políticas de grupos.

Refletimos sobre o fenômeno da liderança nas organizações. Vimos como se constitui em uma forma específica de exercício de poder nas organizações, que difere da política ou da politicagem por ser formal e estar de acordo com a estrutura organizacional, seus objetivos, normas e papéis. Apresentamos diferentes teorias sobre a liderança: as dos traços de liderança, as comportamentais de liderança e as contingenciais de liderança, estas últimas as mais recentes e as mais disseminadas. Examinaremos os diferentes estilos de liderança (o voltado para resultados *versus* o voltado para relações); os diferentes comportamentos que os líderes podem adotar (ênfase em iniciação de estrutura *versus* ênfase em consideração); e as distintas formas de tomada de decisão (liderança autoritária, paternalista ou benevolente e democrática).

Finalizamos o capítulo destacando como cada tipo de liderança apresentado se adéqua de maneira mais eficiente a diferentes tipos de situação.

Questões para revisão

1. O modelo de cinco estágios de desenvolvimento de grupo estabelece que os grupos passam por cinco etapas:

    1) Etapa de formação
    2) Etapa de tormenta
    3) Etapa de normatização
    4) Etapa de desempenho
    5) Etapa de ruptura

    Numere as afirmações a seguir de acordo com as etapas a que correspondem.

    ( ) Esta etapa é caracterizada pelo conflito interno no grupo. Os participantes estão aos poucos aceitando a existência dele, no entanto resistem às imposições feitas à sua liberdade individual. Surgem conflitos a respeito do controle do grupo, quem irá liderar, comandar.

    ( ) Esta etapa é caracterizada pela incerteza e insegurança dos participantes. As pessoas costumam se perguntar o que estão fazendo ali, qual é o propósito do grupo, que tipos de comportamentos são aceitáveis.

( ) Esta etapa é caracterizada pela coesão e pela identificação dos membros da equipe, a troca de informações tende a ser mais aberta e espontânea e há maior tolerância em face das divergências. As lideranças passam a definir com o grupo os papéis, as tarefas e as responsabilidades de cada um.

( ) Esta etapa termina quando os indivíduos passam a se reconhecer como membros da equipe.

( ) Para grupos permanentes, esta é a principal etapa a ser atingida.

( ) Esta fase ocorre quando os objetivos que levaram à criação da equipe são atingidos e não há mais razão para ela continuar a existir. As atividades são encerradas à medida que os objetivos são alcançados, os membros serão realocados para novos grupos ou desligados da organização.

( ) Esta etapa só está completa quando passa a existir uma hierarquia clara de liderança dentro do grupo.

( ) Nesta etapa, os esforços do grupo, que até agora estavam voltados para buscar conhecer os outros membros e criar a estrutura de funcionamento dele, passam a ser dirigidos para a realização das tarefas.

Assinale a sequência correta(Atenção! Alguns números podem se repetir):

a) 1, 2, 4, 5, 3, 2, 4, 1.
b) 4, 5, 3, 2, 5, 4, 1, 2.
c) 3, 4, 5, 1, 2, 4, 3, 5.
d) 2, 4, 1, 3, 5, 4, 2, 3.
e) 2, 1, 3, 1, 4, 5, 2, 4.

2. O poder se origina de diferentes fontes. Diversos estudiosos da área de comportamento organizacional listam cinco fontes das quais pode advir a capacidade de influenciar o comportamento alheio:

1) Poder de coerção
2) Poder de recompensa
3) Poder legítimo

4) Poder de especialista
5) Poder de referência

Numere as afirmações a seguir de acordo com as fontes a que correspondem:

( ) A influência ocorre porque o influenciado acredita que aquilo que o influenciador está dizendo que deve ser feito é o mais correto, eficiente ou melhor.
( ) É exercido por meio da proposição de uma troca, isto é, solicita-se a realização do comportamento ou atividade em troca de um benefício.
( ) Trata-se de uma forma de influência que se baseia na identificação e no carisma. Decorre do desejo dos influenciados de agirem como o influenciador age ou diz a eles que devem agir, em razão de desejarem ser iguais ao influenciador ou ter seu respeito, admiração ou afeto.
( ) Corresponde à influência que se consegue ter no comportamento de outra pessoa por meio da ameaça.
( ) Advém da aceitação social da situação de influência, decorre da estrutura, das relações de papéis e do *status* de uma sociedade ou grupo, em que, por uma questão cultural, se aceita a influência advinda de certas posições sociais.

Assinale a sequência correta:

a) 3, 4, 5, 1, 2.
b) 4, 3, 5, 2, 1.
c) 4, 2, 5, 1, 3.
d) 5, 1, 2, 4, 3.
e) 2, 4, 5, 3, 1.

3. Investigações realizadas na Universidade de Iowa, na década de 1930, por Kurt Lewin e colaboradores identificaram três estilos de liderança:

1) Liderança autocrática
2) Liderança *laissez-faire* (ou liberal)
3) Liderança democrática

Numere as afirmações a seguir de acordo com os estilos de liderança a que correspondem:

( ) O líder exerce uma influência mínima no grupo; sua supervisão é muito distante e ele outorga total liberdade para as decisões grupais ou individuais.

( ) O líder esboça as diretrizes e fomenta a discussão e participação do grupo na tomada de decisão, não centralizando em si a autoridade; ele conduz e orienta o grupo, agindo como um facilitador.

( ) O líder se comporta de maneira a seguir as diretrizes e tomar as decisões da equipe sozinho, apenas informando a ela o que deve ser feito e supervisionando os colaboradores de perto para garantir que estão cumprindo as ordens.

Assinale a sequência correta:

a) 1, 2, 3.
b) 2, 3, 1.
c) 3, 1, 2.
d) 1, 3, 2.
e) 2, 1, 3.

4. Conforme Robbins (2005), as teorias comportamentais de liderança começaram a identificar diversas dimensões de comportamento que levavariam a uma liderança efetiva. Estudos subsequentes acabaram por englobá-las em dois grandes fatores comportamentais:

1) Iniciação de estruturas
2) Consideração

Numere as afirmações a seguir de acordo com os fatores a que correspondem:

( ) Um líder com alta propensão para esse tipo de comportamento é aquele que toma iniciativa e distribui as tarefas delegando atividades e responsabilidades aos demais membros do grupo, coordena os esforços para garantir o atingimento dos objetivos e controla o tempo e os recursos para poder alcançar as metas dentro dos prazos e das limitações estabelecidas.

( ) Um líder com alta propensão para esse comportamento é aquele que ajuda os subordinados nos problemas pessoais deles, é amigável e acessível, trata a todos com igualdade, equidade e justiça, expressa sua consideração e apoio.

( ) Esse comportamento se relaciona à extensão em que o líder toma iniciativa em definir a estrutura de papéis do grupo, seu papel de liderança e de distribuição dos demais papéis entre os participantes a fim de atingir o objetivo definido.

( ) Esse estilo de liderança é conhecido também como *liderança orientada para pessoas* ou *liderança orientada para relações*. Pesquisas publicadas pela Universidade de Michigan em 1940 mostraram que, de forma geral, líderes centrados nas pessoas, ou em relacionamentos, se preocupavam mais com o bem-estar dos subordinados e tinham equipes mais produtivas que líderes centrados exclusivamente em resultados.

( ) Inclui esforços para organizar o trabalho entre o grupo, estabelecer relacionamentos e objetivos.

( ) Esse conjunto de comportamentos é conhecido também como *liderança orientada para a produção* ou *liderança orientada para resultados*.

( ) É um fator que engloba comportamentos relacionados ao esforço em respeitar as ideias dos demais membros do grupo, levar em consideração os sentimentos deles e manter um clima de confiança mútua.

Assinale a sequência correta:

a) 1, 2, 1, 2, 1, 1, 2.
b) 2, 2, 1, 2, 1, 2, 1.
c) 1, 2, 2, 1, 2, 2, 1.
d) 2, 1, 1, 2, 2, 1, 1.
e) 1, 1, 1, 1, 2, 2, 1.

5. O que são teorias situacionais ou contingenciais de liderança?
6. Estabeleça a diferença entre grupos formais e informais nas organizações.

Questões para reflexão

1. Conforme a teoria contingencial de liderança, temos que cada situação demanda que o líder assuma comportamentos diferentes para desempenhar sua função de forma mais eficiente. Dados os estilos de liderança autoritário, paternalista (ou benevolente) e democrático, explique em que tipo de situação cada um deles é mais adequado.

2. Leia o texto a seguir.

> O trabalho do Great Place to Work® começou na década de 80, com **Robert Levering**, um jornalista que cobria assuntos ligados ao trabalho e especialmente a conflitos trabalhistas. Ele foi convidado para escrever um livro sobre as melhores empresas para trabalhar nos EUA. Sua resposta, à época, foi bem direta: "Não!". Era impossível escrever este livro, pois não existiria, segundo ele, nenhuma boa empresa para trabalhar, na perspectiva dos funcionários (e não dos donos ou executivos).
>
> Ele chegou inclusive a sugerir escrever um livro sobre as **piores** empresas para trabalhar, uma vez que ele tinha centenas de exemplos para apresentar. A editora chegou a considerar seriamente esta opção, mas acabou desistindo com receio de que o número de processos na justiça contra o livro seria muito grande.
>
> Após longas conversas, Robert acabou topando o projeto, mas fazendo à sua moda. Como jornalista, ele foi entrevistar milhares de funcionários, "in loco", de forma totalmente confidencial, em centenas e centenas de empresas em todo o país.
>
> Ele encontrou, conforme esperado, pessoas que odiavam suas empresas e seus chefes, em organizações com péssimos ambientes de trabalho. Mas aí começaram as surpresas, contrariando todas as suas convicções anteriores. Encontrou também pessoas que adoravam aquilo que faziam, seus colegas, suas empresas!
>
> A descoberta deixou Robert tão impressionado que ele abandonou tudo que fazia e abriu um pequeno escritório (1 salinha) com sua esposa à época, a que deu o nome de Great Place to Work®. E assim continuou estudando e se aprofundando no tema. Sua primeira grande conclusão havia sido que sim, existem excelentes empresas para trabalhar. A segunda descoberta foi mais poderosa ainda: **qualquer empresa, de qualquer tamanho, em qualquer lugar e em qualquer época, pode se tornar um excelente lugar para trabalhar.**

> Escreveu um segundo livro, procurando entender por que as pessoas gostavam tanto de algumas empresas.
> Descobriu que de uma forma ou de outra as pessoas falavam coisas muito parecidas:
>
> - gosto de trabalhar aqui porque tenho orgulho do que eu faço (e da minha empresa)
> - gosto dos colegas com quem eu trabalho (há colaboração e espírito de equipe)
> - confio nas pessoas para quem eu trabalho (posso confiar no meu chefe, ele me respeita e as decisões da empresa e do meu chefe são justas).
>
> Em 1997 começamos a fazer as listas das Melhores Empresas para Trabalhar. A primeira lista lançada em todo o mundo foi aqui no Brasil (hoje na revista Época), em 1998 nos EUA (na Fortune) e atualmente em mais de 50 países.
> O principal objetivo das listas não é dar prêmios, mas sim **divulgar os bons exemplos e estimular outras empresas a melhorar seu ambiente de trabalho**. É uma forma de chamar a atenção da sociedade do quanto é importante um bom ambiente de trabalho.
> Atualmente, além das listas, o Great Place to Work® também oferece serviços de consultoria e treinamento. Anualmente, trabalhamos com mais de 6.200 empresas, representando mais de 12 milhões de funcionários. Nossas listas são publicadas ou distribuídas nos principais meios de comunicação em todo o mundo para uma população de mais de 25 milhões de leitores. A combinação desse trabalho de orientação direta e de cobertura da mídia é essencial para que possamos cumprir nossa missão.
>
> Fonte: Great Place to Work Institute, 2015, grifo do original.

Para participar das edições publicadas de avaliações tais como as do Great Place to Work®, as empresas precisam se cadastrar e passar por um processo de auditoria e avaliação. Por qual motivo elas fazem isso? Que interesse há nisso? O que ganham sendo reconhecidas como um ótimo lugar para se trabalhar?

> **Para saber mais**
>
> Recomendamos ao leitor que deseja começar a desenvolver suas habilidades como líder o acesso à página eletrônica do Serviço Brasileiro de Apoio às Micro e Pequenas Empresas (Sebrae). Por meio da busca pela palavra-chave *liderança*, é possível encontrar diversos materiais de leitura, como artigos, estudos de caso, vídeos e cursos *on-line* gratuitos para o treinamento de competências de liderança. Um deles é o curso Gestão de Pessoas, que busca ensinar como ser um líder desenvolvedor de equipes.
>
> SEBRAE – Serviço Brasileiro de Apoio às Micro e Pequenas Empresas. **Gestão de Pessoas**. Curso on-line. Disponível em: <http://www.sebrae.com.br/sites/PortalSebrae/cursos_eventos/Gest%C3%A3o-de-Pessoas,1388>. Acesso em: 14 set. 2015.
>
> Já para o leitor que procura aprofundar o conhecimento sobre liderança, sugerimos outros cursos *on-line* que trabalham o tema com mais amplitude, também gratuitos.
>
> Destacamos o curso oferecido pela Universidade de São Paulo (USP) intitulado *Liderança, Gestão de Pessoas e do Conhecimento para Inovação*, ministrado pelo professor Joel Souza Dutra.
>
> VEDUCA. **Liderança, Gestão de Pessoas e do Conhecimento para Inovação**. Universidade de São Paulo. Curso on-line. Disponível em: <http://www.veduca.com.br/assistir/lideranca-gestao-de-pessoas-e-do-conhecimento-para-inovacao>. Acesso em: 14 set. 2015.
>
> Embora ministrados em inglês, recomendamos, pela ótima qualidade, os cursos sobre liderança indicados a seguir, disponibilizados pelas universidades americanas de Stanford e de Harvard.
>
> VEDUCA. **Líderes Empreendedores**. Stanford University. Curso on-line. Disponível em: <http://www.veduca.com.br/assistir/lideres-empreendedores>. Acesso em: 14 set. 2015.
>
> VEDUCA. **Liderança**. Harvard University. Curso on-line. Disponível em: <http://www.veduca.com.br/assistir/lideranca>. Acesso em: 14 set. 2015.

5 Gerenciando a mudança e desenvolvendo a organização

Conteúdos do capítulo

- Sustentabilidade empresarial e sua promoção nas organizações.
- Tripé da sustentabilidade empresarial.
- Processos de mudança e desenvolvimento organizacional.
- Importância da postura ética, profissional e justa dentro dos preceitos da sustentabilidade.

Após o estudo deste capítulo, você será capaz de:

1. conceituar *sustentabilidade*;
2. identificar o tripé da sustentabilidade empresarial (econômica, ambiental e empresarial);
3. conceituar *desenvolvimento organizacional*;
4. conceituar *mudança organizacional*;
5. reconhecer as diferentes fases da mudança organizacional (descongelamento, mudança e recongelamento);
6. compreender o que se espera da atuação dos líderes em cada uma dessas etapas.

Como vimos no início deste livro, no contexto atual das organizações, a mudança se tornou um imperativo dos negócios. A forma como as pessoas se comportam diante dela é determinante para o sucesso de uma organização. Identificamos que vários fatores que se dão no nível da subjetividade influenciam na conduta do indivíduo (a forma de perceber os problemas organizacionais, sociais e ambientais é determinante nas reações e escolhas ao tomar decisões) e que características de personalidade, valores e motivação determinam o modo como se posiciona perante tais mudanças.

Verificamos também que os fatores que se dão no nível dos grupos exercem influência sobre a forma como as pessoas se comportam em uma organização. Um ambiente em mudança demanda estilos de liderança específicos e formas de gerir que criem incentivos financeiros e psicológicos para que elas adotem novas posturas, mais adequadas e flexíveis.

O objetivo deste último capítulo é integrar os conhecimentos sobre comportamento organizacional e intraempreendedorismo que foram trabalhados até aqui. Além disso, é nossa finalidade discutir a aplicação deles na gestão da mudança e no desenvolvimento organizacional com vistas à construção de uma cultura corporativa voltada para o intraempreendedorismo e para a sustentabilidade.

5.1 Sustentabilidade

Você deve estar se perguntando por que, a esta altura do livro, vamos tratar de sustentabilidade. É de fundamental importância compreendermos que, além de garantirem o atingimento dos objetivos hoje, as organizações devem ser capazes de continuar a realizá-los ao longo do tempo. Ser sustentável é gerir as atividades delas de modo que se sustentem indefinidamente. Esse fator deve estar na mente do intraempreendedor quando busca oportunidades e ameaças nas quais possa atuar para promover melhorias.

Atualmente, as empresas se diferenciam no mercado, atraindo mais investidores, mais consumidores e melhores colaboradores, se investem em inovações que lhes atribuem sustentabilidade de longo prazo, isto é, se atuam de modo confiável e robusto e se investem em melhorias contínuas em seus produtos, processos e gestão. Segundo a Comissão Mundial de Meio Ambiente e Desenvolvimento, podemos definir *sustentabilidade* como a forma de atuação que garante a satisfação das nossas necessidades no presente, sem comprometer a habilidade das próximas gerações de satisfazer as próprias necessidades no futuro (World Commission on Environment and Development, 1987). Embora o senso comum associe esse conceito a uma ideia de preservação ecológica ou de responsabilidade social, é importante ressaltarmos que ele tem um alcance muito mais amplo. Nesse sentido, a atuação sustentável das organizações se apoia em um tripé: a sustentabilidade econômica, a ambiental e a social (GRI, 2006).

1. **Sustentabilidade econômica**: Ser sustentável economicamente implica uma organização gerenciar seus recursos de forma a não consumi-los totalmente no curto ou médio prazo, e sim fazer investimentos em mudanças necessárias para que tenha um modo de produção e gestão que, pelo menos em teoria, possa funcionar eternamente. A dimensão econômica da sustentabilidade se refere também aos impactos que a organização pode gerar sobre as condições econômicas de todos os seus *stakeholders*, tanto em âmbito local de atuação como nos âmbitos nacional e global.

> **Perguntas & respostas**
>
> **O que é *stakeholder*?**
> O termo, de origem inglesa, representa os públicos que podem impactar ou ser impactados pela atuação de uma empresa. *At Stake* significa "em risco" ou "em jogo"; já *holder* equivale a "possuidor", "o que possui". Assim, numa tradução livre, *stakeholder* é todo aquele que está em risco, que tem algo em jogo, que tem possibilidades de ganhar ou perder dependendo das decisões da empresa. A utilização da palavra visa a remeter ao termo *stockholder*, que significa "acionista" (em inglês).

> Durante muito tempo, o foco da gestão de empresas foi satisfazer os interesses dos acionistas (*stockholders*) ainda que gerassem externalidades negativas, isto é, consequências negativas para os demais. Uma visão mais atual da gestão, voltada para a sustentabilidade, indica que as organizações não devem guiar as ações buscando apenas a satisfação desse grupo, mas garantir a satisfação (a não geração de externalidades negativas) e a proteção de todos os públicos que podem ser impactados pelas ações promovidas por elas.
>
> Afirma-se que na gestão sustentável há uma migração do foco exclusivo na satisfação dos *stockholders* para todos os *stakeholders*, entre os quais se incluem clientes e consumidores, funcionários, prestadores de serviço, fornecedores, a comunidade em que a empresa está inserida, a sociedade em termos mais amplos e também o meio ambiente.

2. **Sustentabilidade ambiental**: Ser sustentável ambientalmente implica a minimização das externalidades negativas que a organização possa ter nos sistemas naturais, incluindo ecossistemas, terra, ar e água. Sabemos que boa parte dos recursos naturais é finita, outros têm capacidade de reprodução mais lenta do que a velocidade com que vêm sendo consumidos. Garantir que tiraremos proveito deles de forma sustentável é utilizá-los de modo que não acabem ou sejam restringidos para as próximas gerações. Relacionam-se com a sustentabilidade ambiental as decisões das empresas sobre consumo de materiais, energia e água, bem como a geração de emissões e efluentes e a produção de resíduos.

> **Perguntas & respostas**
>
> **O que são externalidades?**
> São os efeitos laterais de uma decisão sobre aqueles que não participaram dela. As externalidades podem ser de natureza negativa ou positiva. As negativas são as que geram custos aos demais públicos. No caso das ações empresariais, elas se dão, por exemplo, quando uma organização, ao produzir e comercializar seus produtos, gera poluição atmosférica, contaminação de recursos hídricos, poluição sonora, adoecimento nos consumidores devido à toxicidade do produto, adoecimento laboral nos colaboradores, gasto público para consertar problemas decorrentes de má gestão ou mau funcionamento e até mesmo congestionamentos em centros urbanos, entre outros aspectos.
>
> Externalidades positivas se dão quando demais públicos involuntariamente se beneficiam das ações promovidas pelas empresas, como investimentos em infraestrutura, melhoria do poder aquisitivo de comunidades e desenvolvimento tecnológico.

3. **Sustentabilidade social:** Refere-se à responsabilidade das organizações perante os sistemas sociais nos quais opera.

    Os sistemas sociais dizem respeito basicamente a pessoas, grupos, sociedades e instituições com os quais as organizações interagem, e a sustentabilidade social, à manutenção de relações equilibradas, justas e que respeitem preceitos de direitos humanos e promovam o bem comum. Incluem-se como exemplos a forma pela qual as organizações estabelecem e gerenciam as práticas laborais, a responsabilidade relacionada ao produto e o bem ou o mal que podem acarretar ao consumidor, a influência social mais ampla por meio de valores que promovem nas propagandas e o *lobby* que venham a realizar com representantes governamentais.

As organizações nada mais são que um conjunto de pessoas organizadas e que trabalham juntas para atingir objetivos. Como podem, então, ser sustentáveis? É necessário que aqueles que delas fazem parte atuem de forma sustentável, que as inovações e melhorias implementadas considerem os impactos de curto, médio e longo prazo para todos os *stakeholders*, bem como as possíveis externalidades negativas e positivas, e que o fator *sustentabilidade* seja um quesito fundamental nas tomadas de decisão de colaboradores e gestores.

Você se lembra do que vimos quando tratamos de percepção e tomada de decisão? Pois então, é necessário que cada membro da organização perceba a sustentabilidade como fundamental e a tenha como critério primordial e mais importante para o julgamento das alternativas de ação a serem adotadas. O primeiro passo para isso é disseminar o conhecimento sobre sustentabilidade – o que significa ser sustentável, o que é responsabilidade da empresa e em que aspectos a ação desta pode gerar externalidades negativas.

O Instituto Ethos e o Serviço Brasileiro de Apoio às Micro e Pequenas Empresas (2003), em uma cartilha produzida em parceria e voltada para empreendedores que desejam implementar os preceitos da sustentabilidade e da responsabilidade empresarial em suas organizações, trazem como recomendação inicial que se adotem valores e se trabalhe com transparência. O material traça ainda como diretriz que seja criada e divulgada a declaração de missão da empresa, bem como que sejam identificados e declarados os valores éticos a serem seguidos por todos. Uma forma comum de a empresa fazer isso é criando e divulgando um código de ética.

Promover o conhecimento a respeito da sustentabilidade, da responsabilidade e da atuação ética é muito importante, porém não é o bastante. Para que as pessoas de uma organização de fato ajam de maneira responsável, ética e sustentável, é necessário que a estrutura formal e as lideranças incentivem, motivem e recompensem essa forma de comportamento e, em contrapartida, recriminem, inibam e punam condutas irresponsáveis. Só então se estabelece uma real cultura corporativa focada em sustentabilidade.

5.2 Cultura organizacional

Schein (1991) define *cultura organizacional* como o conjunto dos pressupostos básicos inventados, descobertos ou desenvolvidos por um grupo enquanto aprende a lidar com problemas de adaptação externa e de integração interna e que funcionam bem o suficiente para que ele os considere válidos e para que sejam ensinados a cada novo entrante do grupo como o meio correto de perceber, pensar e sentir em relação a esses problemas.

A cultura organizacional está em constante construção e se forma na vivência compartilhada de experiências do grupo de pessoas que compõem a organização. Trata-se da cultura daquele grupo, em outras palavras, o que acreditam que é correto, efetivo, que funciona para aquela organização e dentro dela. Percebemos também, pelo conceito de Schein (1991), que a cultura organizacional é uma influência no comportamento dos colaboradores os direciona para aquilo que é entendido como correto.

Outro aspecto que chama atenção no conceito proposto por Schein (1991) é que a cultura é ensinada a cada novo membro que ingressa na organização. Dessa forma, mesmo aqueles que não experienciaram todos os problemas anteriores que levaram à crença de quais comportamentos são efetivos vão aprender com os demais os pressupostos compartilhados na organização.

Para refletir

Transcrevemos abaixo uma pequena anedota de conhecimento popular que serve como metáfora explicativa sobre a formação e a transmissão da cultura organizacional.

Um grupo de cientistas colocou cinco macacos em uma jaula. No meio da jaula, uma escada, e sobre ela um cacho de bananas. Quando um macaco subia na escada para pegar as bananas, um jato de água fria era acionado em cima dos que estavam no chão.

Depois de certo tempo, quando um macaco ia subir a escada, os outros pegavam-no e enchiam-no de pancada. Com mais algum tempo, nenhum macaco subia a escada, apesar da tentação das bananas.

Então, os cientistas substituíram um dos macacos por um novo. A primeira coisa que ele fez foi subir a escada, e dela foi retirado pelos outros, que o surraram. Depois de algumas surras, o novo integrante do grupo já não mais subia a escada.

Um segundo macaco, veterano, foi substituído, e o mesmo ocorreu, tendo o primeiro substituto participado, com entusiasmo, na surra ao novato. Um terceiro foi trocado e aconteceu a mesma coisa. Um quarto e, afinal, o último dos veteranos, foi substituído.

Os cientistas, então, ficaram com um grupo de cinco macacos que, mesmo nunca tendo tomado um banho frio, continuavam batendo naquele que tentasse pegar as bananas. Se fosse possível perguntar a algum deles por que batiam em quem tentasse subir a escada, com certeza a resposta seria:

"Não sei... Mas as coisas sempre foram assim por aqui...".

Fonte: Toillier, 2000.

Silva e Zanelli (2004) assinalam que a cultura organizacional é criada e implementada com base em mecanismos primários e secundários. Os **primários** correspondem às formas como os líderes agem que incentivam ou desencorajam os colaboradores a se comportarem de diferentes maneiras. Por exemplo: Em que prestam atenção? O que avaliam com regularidade? Estes serão os itens a quais os subordinados também prestarão mais atenção. Como reagem a incidentes ou crises? Que critérios usam para embasar suas decisões, atribuir recompensas ou alocar *status*? O que levam em consideração na hora de selecionar, promover, premiar ou demitir um funcionário? É na ação no dia a dia, mais do que no que dizem, que os líderes ensinam aos subordinados as formas de agir que serão bem vistas e recompensadas e as que serão ignoradas ou punidas (Silva; Zanelli, 2004).

Já os mecanismos **secundários** englobam a estrutura formal da organização, seus sistemas e procedimentos, as regras, as normas e as declarações sobre os valores e os princípios dela (Silva; Zanelli, 2004).

Assim, por exemplo, para termos uma cultura forte de sustentabilidade, ética e responsabilidade, é necessário que tanto as estruturas formais da empresa, isto é, suas normas, procedimentos, processos, sistemas de remuneração e recompensas, reforcem a ação responsável quanto os líderes, no dia a dia, na interação com suas equipes, cobrem, reforcem e recompensem tal conduta. Se ambos os mecanismos estiverem em congruência, teremos uma cultura fortemente incentivadora do comportamento responsável e sustentável. De maneira análoga, para termos uma cultura forte de inovação e intraempreendedorismo, é necessário que as estruturas formais da empresa e os líderes, na interação cotidiana com suas equipes, cobrem, reforcem e recompensem essa postura.

Em caso de incongruência – em que o que está no papel é diferente daquilo que é exigido, cobrado, elogiado, reforçado ou recriminado pelos líderes –, prevalecerá a cultura do que está sendo feito. Isso significa que a forma como os líderes agem tem um papel mais forte na influência do comportamento dos colaboradores do que o que está formalizado na estrutura organizacional. Por isso, as organizações depositam grande expectativa no papel das lideranças na construção e gestão da cultura organizacional.

Exercício resolvido

João trabalha no Departamento de Vendas da Confeitaria Correta S.A. Suas atividades consistem em receber demandas de encomendas formalizadas pelos clientes na loja física e na loja virtual da confeitaria, processá-las, conferindo o recebimento efetivo do pagamento, e liberar os pedidos para entrega no Departamento de Logística, que se resume basicamente ao Júnior, motoboy que cuida das entregas. O processamento das ordens de venda e, portanto, das entregas se dá por ordem de chegada.

Maria trabalha no Departamento de Compras do escritório de advocacia Jeitinho Ltda. Ela costuma providenciar *coffee-breaks* com *croissants*, *petit-fours*, tortas, pãezinhos e salgados variados para as reuniões que são realizadas com os clientes. Maria utiliza com frequência os serviços de encomenda e entrega da Confeitaria Correta S.A.

Em um dia atípico no qual a Jeitinho Ltda. recebeu mais clientes do que de costume, Maria percebeu que seria necessário fazer uma segunda encomenda, porém precisava que a entrega fosse feita com urgência, dentro daquela mesma hora. Como de costume, ela fez a solicitação pela loja virtual da confeitaria, porém não observou que o prazo de entrega era de pelo menos cinco horas.

Ao se dar conta de que os pedidos demorariam mais do que ela poderia esperar, entrou em contato com João e perguntou-lhe se poderia liberar a encomenda mais rápido. João respondeu que o procedimento era fazer a liberação por ordem de chegada e que trabalharia o mais rápido possível no processamento dos pedidos para tentar antecipar a entrega. Maria, então, insistiu, indagando se ele poderia "quebrar um galho" e colocar o pedido na frente dos demais, uma vez que ela era uma ótima cliente e que ninguém ficaria sabendo. João respondeu dizendo não ser possível. Maria ficou muito indignada com a forma como foi tratada por João, achou um absurdo que ele não pudesse fazer esse mísero favor a uma cliente tão fiel e resolveu ligar para o gestor dele reclamando de sua atitude e exigindo uma solução.

Dado o que comentamos sobre mecanismos primários e secundários de criação e implementação de cultura e levando em consideração que o objetivo da Correta S.A. é promover uma cultura organizacional de responsabilidade, ética e sustentabilidade, como você acredita que o gestor de João deveria agir?

Vimos que a conduta dos líderes tem grande influência sobre o comportamento das pessoas, maior até do que as normas formalizadas. Se o gestor, nesse caso, solicitasse que João atendesse ao pedido de Maria, estaria incentivando o funcionário a descumprir as regras formais e, portanto, a não levá-las em conta como um critério importante quando tiver de tomar decisões futuramente.

Além disso, ser responsável significa ter em mente as consequências que nossas ações podem acarretar para todos os possíveis envolvidos. Assim, colocar o pedido de Maria na frente dos demais atrasaria as entregas de outros clientes, igualmente importantes. Para incentivar o comportamento responsável em sua empresa, o gestor deveria apoiar a ação tomada por seu subordinado, informando à cliente que o procedimento seguido por João foi correto.

5.3 Desenvolvimento organizacional

Conforme assinala Chiavenato (2005), o desenvolvimento organizacional é uma resposta que as organizações têm encontrado para enfrentar o ambiente em constante mudança na era da informação. Trata-se, segundo o autor, de uma estratégia educacional cujo objetivo é mudar crenças, atitudes, valores e estrutura das organizações para que se tornem mais flexíveis e adaptáveis às constantes inovações mercadológicas, tecnológicas, econômicas, sociais, demográficas, regulatórias etc.

> **Perguntas & respostas**
>
> **O que é desenvolvimento organizacional?**
> É a aplicação das ciências do comportamento em um esforço de longo prazo para buscar melhorar a capacidade de uma organização de enfrentar as mudanças do ambiente em que está inserida e fazer com que seja mais competitiva (Chiavenato, 2005).

A tarefa fundamental do desenvolvimento organizacional é transformar organizações com estrutura burocrática, rígida e mecanística em organizações orgânicas, flexíveis, adaptáveis, abertas à mudança, ao aprendizado e à inovação.

Quando tratamos da evolução das tecnologias de gestão (Capítulo 1), vimos que até a era da administração neoclássica era comum que a estrutura das empresas fosse caracterizada pela ênfase no trabalho individual e em cargos predefinidos e delimitados, no relacionamento baseado em comunicações verticais descendentes; que seguisse uma cadeia de comando e estabelecesse a obediência de ordens delegadas por autoridades; que tivesse uma divisão do trabalho rígida e supervisão hierárquica constante; que centralizasse a tomada de decisão em cargos superiores da hierarquia; que controlasse, também de modo centralizado, os recursos; e que resolvesse conflitos por meio de repressão.

Contudo, este não é um ambiente propício à inovação. Quando abordamos o intraempreendedorismo, vimos que uma organização que almeja ser flexível e adaptável precisa contar com o conhecimento, a experiência e a inventividade de todos os colaboradores e, para tanto, deve criar condições para incentivar a inovação. Desse modo, o objetivo do desenvolvimento organizacional é transformar estruturas organizacionais mecanísticas em estruturas orgânicas que: deem ênfase ao trabalho em equipe em detrimento do individual; estabeleçam relações de confiança mútua, em vez de manter uma supervisão rígida; promovam a interdependência e a responsabilidade compartilhada e não centralizem as decisões e os recursos na mão de poucos gestores; estimulem a participação de todos nos processos decisórios; instituam comunicações verticais também ascendentes, criando formas de escutar os colaboradores de todos os níveis hierárquicos; tenham responsabilidade compartilhada; e busquem a negociação, e não a repressão, como forma de solução de conflitos.

O desenvolvimento organizacional consiste na implementação de novas formas de trabalhar que resultarão em mudanças estruturais e comportamentais, processo que não ocorre sem resistência. No entanto, há algumas medidas que podem ser tomadas para facilitar a mudança e garantir seu sucesso. É da mudança e do processo de gestão da mudança nas organizações que trataremos a seguir.

5.4 Gestão da mudança

Segundo Chiavenato (2005), *mudança* significa a transição de uma situação para outra diferente ou a passagem de um estado para outro. De acordo com o autor, mudar implica ruptura, transformação, perturbação e interrupção. Trata-se de um rompimento do estado atual de equilíbrio para substituí-lo por outro, provisório, de tensão, até que se atinja um novo patamar de equilíbrio. Toda mudança implica encontrar novos caminhos, novos enfoques e novas soluções.

A mudança pode ser rápida e repentina, assim como gradual e constante, e varia conforme sua velocidade e profundidade. Nas organizações ela é uma constante. O ambiente externo está o tempo todo lhe trazendo novas demandas: por exemplo, clientes mudam preferências e hábitos de consumo; fornecedores modificam características de matérias-primas, bem como aspectos das relações contratuais; concorrentes criam inovações de produto ou processo e assumem uma estratégia diferente perante o mercado; governos e agências reguladoras alteram regras e leis que impactam o negócio da empresa. O mesmo ocorre no contexto interno: funcionários desenvolvem novas demandas, e órgãos como sindicatos, comissões internas de prevenção de acidentes (Cipas) e similares apresentam diferentes reivindicações em termos de condição, organização e relações de trabalho; passa a ser preciso renovar maquinário, tecnologias; torna-se necessário melhorar processos de trabalho, mudar matérias-primas; entre outros aspectos.

Todas essas mudanças exigem que as organizações, isto é, as pessoas ali organizadas, adquiram novos conhecimentos e habilidades para desenvolver novas estratégias e melhorar processos, produtos e serviços. Devemos considerar também que, uma vez realizada a mudança, o processo não se encerra, pois outras novas mudanças, ameaças ou oportunidades fazem com que as organizações estejam constantemente se reinventando.

Chiavenato (2005) aponta que, para que a mudança ocorra de maneira efetiva nas organizações, o primeiro passo é transformar a mentalidade das pessoas, criando o ambiente psicológico adequado para a mudança, de forma que aprendam a constantemente aprender, mudar e inovar.

Um modelo teórico pioneiro e que está entre os mais disseminados na área de comportamento organizacional foi proposto por Kurt Lewin

(1947), segundo o qual o processo de mudança é composto por três etapas: descongelamento, mudança e recongelamento.

- A etapa de **descongelamento** corresponde ao surgimento da necessidade de mudança, a qual faz com que a pessoa, o grupo ou a organização entendam e aceitem que o estado atual das coisas não pode ser mantido.
- A etapa da **mudança** em si refere-se ao momento de tensão em que comportamentos e formas de agir provisórios começam a ser implementados; a conduta anteriormente usual já não é a mesma, porém novas atitudes, valores, comportamentos e posturas ainda estão sendo tentados. Os testes significam que haverá tentativas, acertos e erros. À medida que a pessoa, o grupo ou a organização forem percebendo os comportamentos mais efetivos na nova situação, estes passarão a se fixar novamente; porém, nesse novo modo de agir, inicia-se a terceira etapa, a de recongelamento.
- A etapa de **recongelamento** consiste na incorporação da nova forma de agir pelos colaboradores, e o novo comportamento vira a norma, isto é, a forma como deve ser a postura. Mecanismos de incentivo e reforço da nova conduta são estabelecidos.

É importante lembrarmos que, como a mudança é constante, a nova situação que foi recongelada pode ser descongelada a qualquer momento para uma nova transformação.

Todo processo de mudança é caracterizado por forças que a incentivam e outras que atuam contra; o novo estado de equilíbrio resultará da luta entre elas. No processo de gerenciamento da mudança, é preciso que se busque neutralizar as forças que opõem resistência a ela e incentivar as que a favoreçam. Este é um dos papéis que as organizações esperam dos líderes. Como é possível fazer isso? Para Chiavenato (2005), trata-se de distribuir autoridade, informação, recompensas e competências a toda a organização. Vamos tratar resumidamente cada um desses aspectos.

- **Autoridade:** É necessário delegar poder às pessoas para que tomem decisões sobre suas ações e recursos de forma independente.
  Ao líder cabe distribuir autoridade entre os subordinados para que trabalhem de acordo com conhecimentos, habilidades, experiências e aquilo que dominam, ou seja, é preciso atribuir

autonomia aos colaboradores, um processo conhecido como *empowerment* (empoderamento).

- **Informação**: É necessário fomentar e proporcionar acesso à informação em todas as áreas, criar condições para disseminá-la de modo a auxiliar os processos de tomada de decisão das pessoas em suas análises de alternativas.
- **Recompensas**: É necessário que o líder proporcione incentivos ao atingimento dos objetivos organizacionais. Você se lembra do que vimos quando tratamos da aprendizagem e de como as consequências positivas ou negativas podem moldar o comportamento das pessoas? As recompensas funcionam como reforço positivo do modo que a organização espera que elas ajam; assim, é preciso retribuir-lhes quando o desempenho corresponde ao esperado e quando os colaboradores alcançam objetivos e, claro, também quando contribuem além do que lhes foi inicialmente determinado, reforçando o comportamento proativo e intraempreendedor.
- **Competências**: É necessário que o líder desenvolva os subordinados para que atinjam o máximo de suas potencialidades em termos de habilidades e capacidades demandadas pela organização. Em outras palavras, deve-se identificar as competências requeridas e criar condições internas para que os colaboradores as aprendam ou as desenvolvam.

Quanto às forças que podem agir para impedir a mudança, são chamadas de *resistência*. Conforme assinala Chiavenato (2005), as estratégias a serem utilizadas para superá-las são:

- comunicar e promover educação a respeito da necessidade da mudança;
- promover o envolvimento e a participação das pessoas nas decisões referentes à mudança;
- facilitar e apoiar a mudança, garantindo todos os recursos necessários para a adoção do novo comportamento, como providenciar consultorias, capacitação para que as pessoas adquiram conhecimentos e habilidades relacioinados às novas funções, ferramentas técnicas e instrumentos para aplicar a mudança e inovar;

- fazer acordos e realizar negociações, em que se pode oferecer algo em troca da aceitação da mudança;
- manipular ou cooptar as pessoas, por meio da liberação de informações apenas parciais e seletivas, para que aceitem a mudança (a cooptação consiste na troca de favores, em que se pode oferecer, a quem se deseja convencer, um papel-chave, de *status*, na nova situação, caso a mudança ocorra; esse tipo de estratégia tem implicações éticas relacionadas ao que comentamos sobre a política organizacional, que, como vimos, acaba por acarretar um ambiente de trabalho negativo e insatisfatório);
- coagir, por meio de ameaças implícitas ou explícitas de punição, as pessoas a aceitar as mudanças.

Perceba como as estratégias para dirimir a resistência a mudanças se relacionam com as diferentes fontes de poder abordadas no Capítulo 3. A coerção, a recompensa, o poder legítimo, o poder de especialista e o poder de referência podem ser utilizados para tentar influenciar as pessoas a aceitarem e se adaptarem às mudanças. Como já analisamos, as fontes pessoais de poder (o poder de especialista e o de referência) são as mais efetivas para promover uma mudança de fato profunda e duradoura.

5.4.1 Um modelo para a gestão da mudança

Vamos finalizar este capítulo e encerrar o conteúdo abordado neste livro propondo um modelo de gestão da mudança a ser utilizado por líderes e gestores que desejam ser intraempreendedores, inovar e promover mudanças nas organizações em que atuam.

No Quadro 5.1 apresentamos esse modelo com cada uma das etapas a serem seguidas pelo intraempreendedor.

Quadro 5.1 – Modelo de processo de gestão da mudança

1. Análise dos problemas e das oportunidades e necessidades de mudança:
( ) Ameaça: Qual é o risco identificado e que problemas está gerando?
( ) Oportunidade: Qual é a oportunidade identificada?

2. Diagnóstico da mudança:
Descrição das mudanças necessárias:

Descrição do novo comportamento a ser implantado:

Descrição de quem está envolvido na mudança (pessoas, equipes e departamentos):

3. Implementação da mudança:

Identificação de forças propulsoras da mudança:
Identificar pessoas, equipes ou departamentos que se beneficiam com a mudança.

Quem:	Por quê:
Quem:	Por quê:
Quem:	Por quê:

Identificação de forças de resistência:
Identificar pessoas, equipes ou departamentos que terão custos relacionados à mudança.

Quem:	Por quê:
Quem:	Por quê:
Quem:	Por quê:

4. Gestão da mudança:
Identificar, estabelecer, programar e executar as seguintes ações em cada etapa da mudança:

(continua)

(Quadro 5.1 – conclusão)

1) Descongelamento	2) Implementação da mudança	3) Recongelamento
◆ Escolha e planejamento das formas pelas quais a ideia inovadora será comunicada às pessoas, equipes e departamentos que se beneficiam com a mudança, de modo a angariar apoio e formar coalizões. ◆ Escolha e planejamento das estratégias de diminuição da resistência a serem utilizadas com cada pessoa, equipe ou departamento que pode potencialmente se opor à mudança. ◆ Planejamento e realização de comunicações e reuniões em que se promovam o diálogo, a participação e a sugestão de ideias sobre o processo de mudança, treinamentos de sensibilização e conscientização e atividades de simulação, entre outros, para que os envolvidos assumam a necessidade de mudar.	◆ Exercer liderança paternalista ou benevolente. ◆ Reforçar positivamente, por meio da oferta de recompensas tanto financeiras como psicológicas, os colaboradores que se adéquam ao novo comportamento (elogiar, reconhecer, oferecer prêmios, bônus etc.). ◆ Ser tolerante ao erro, ignorar comportamentos que ainda não estão adequados à mudança. Não sancionar ou punir, mas alertar e corrigir de forma não punitiva. Garantir que pessoas que não se adequaram a mudança não tenham acesso às recompensas que os demais estão recebendo.	◆ Formalizar a mudança na estrutura da organização, padronizando a nova norma em documentos como códigos, descrição de procedimentos e outros. ◆ Incluir a nova regra como meta a ser cobrada e avaliada pelo sistema de avaliação de desempenho e de recompensas da organização. ◆ Estabelecer quais serão as recompensas relacionadas ao atingimento das novas metas. ◆ Estabelecer quais serão as punições relacionadas à inconformidade à nova regra. ◆ Fazer cumprir as recompensas e sanções estabelecidas agora formalmente em todos os níveis hierárquicos da organização.

Fonte: Adaptado de Chiavenato, 2008; Lewin, 1947.

Recomendamos que os intraempreendedores observem os seguintes passos para cumprir com sucesso as etapas de mudança descritas anteriomente:

1. **Análise dos problemas e das oportunidades e necessidades de mudança**: Os intraempreendedores devem começar por perceber problemas e necessidades de mudança. Uma ferramenta muito disseminada é a análise SWOT, a qual visa a identificar ameaças e oportunidades que estão se apresentando no ambiente externo da organização e forças e fraquezas da estrutura interna. Nesse sentido, o intraempreendedor deve estar atento às informações em relação ao ambiente externo (demandas dos consumidores, inovações da concorrência, mudanças em leis e regulamentos, atuação de fornecedores e parceiros etc.) para descobrir o que pode se configurar como um futuro problema para a organização ou como uma boa oportunidade na qual se deve investir.

   O intraempreendedor também deve conhecer muito bem a organização na qual atua, bem como a estrutura e a cultura dela, para conseguir reconhecer o que ela faz bem e o que faz melhor que a concorrência, ou seja, os pontos fortes; porém, também precisa perceber as fraquezas. Essas informações são fundamentais para a determinação do curso de ação a seguir, isto é, para a identificação de quais oportunidades será melhor escolher para investir.

2. **Diagnóstico da mudança**: Uma vez identificadas as oportunidades e as ameaças, o intraempreendedor deve definir as mudanças necessárias à organização, as quais podem ser em tecnologias, maquinário, estrutura organizacional e cultural. Nesses casos, será preciso promover tanto mudanças físicas na empresa quanto mudanças comportamentais entre os colaboradores envolvidos nelas.

3. **Implementação da mudança**: Identificada e delimitada a mudança que se deseja realizar, o intraempreendedor deve fazer um diagnóstico das forças impulsionadoras e das resistentes, procurando identificar pessoas, grupos e fatores da estrutura que seriam beneficiados com ela e as que sofreriam consequências que lhes trariam custos. Deve-se comunicar aos poucos a ideia inovadora de mudança às pessoas e grupos que podem vir a ser beneficiados, de modo a angariar apoio e formar coalizões que

patrocinem a iniciativa. É preciso lembrar que o apoio da estrutura formal e de pessoas em altos cargos da hierarquia organizacional é imprescindível para a implementação de ações empreendedoras. É necessário analisar os possíveis focos de resistência e utilizar as diversas estratégias citadas na Seção 5.4 ("Gestão da mudança") para dirimi-los.

4. **Gestão da mudança:** É fundamental considerar as três fases da mudança propostas por Kurt Lewin (1947) e as características específicas de cada uma. O líder deve conduzir o processo influenciando o comportamento das pessoas em cada uma dessas etapas, garantindo o comprometimento delas com a inovação implementada.

   a) **Na fase de descongelamento:** É necessário sensibilizar para a mudança, e a melhor maneira de fazer isso é comunicando e educando as pessoas. Deve-se utilizar a fonte de poder do especialista, mostrando-se por que o comportamento atual não pode ser mantido e por que o novo deve ser implementado. Para promover o comprometimento com a mudança, é importante envolver as pessoas nas tomadas de decisão a respeito do processo, por isso deve-se compartilhar informações, autoridade e recursos e incentivá-las a dar opiniões e sugestões.

   b) **Na fase de mudança:** As pessoas estarão testando novas formas de agir, buscando implementar o novo comportamento mais eficiente. Nesse sentido, os líderes que estão gerindo o processo precisam exercer uma supervisão mais constante e próxima delas. É necessário que emitam reforços positivos para quem já está conseguindo adotar os novos comportamentos e se engajar na mudança. Porém, ainda é preciso que os gestores sejam tolerantes aos erros e não repreendam nem punam aqueles que ainda não se adequaram. Você se lembra do que vimos sobre aprendizagem de novos comportamentos por meio de consequências? É importante que nesta fase os comportamentos novos que estão de acordo com a mudança desejada sejam recompensados e reforçados a fim de garantir que as pessoas escolherão direcionar os esforços para adotar a nova forma de agir, e não a antiga que se deseja substituir.

c) **Na fase de recongelamento**: Passa a ser necessário que a estrutura organizacional (mecanismos secundários) seja adaptada para formalizar o sistema de recompensas que vem sendo utilizado pelos líderes do processo de mudança. Ou seja, o comportamento deve ser definido como nova norma a ser cumprida e incluído no sistema de avaliação e recompensa da organização, de modo que se torne regra a ser seguida por todos. É importante deixar claro e formalizado também quais são as recompensas relacionadas à execução dos novos comportamentos, bem como as sanções e punições cabíveis àqueles que agirem em contradição com a nova norma. Diferentemente do que deve acontecer na fase de mudança, na etapa de recongelamento o erro não deve mais ser tolerado.

Lembramos que esse modelo não precisa ser aplicado de modo fixo, tratando-se apenas de sugestões para facilitar a implementação da mudança desejada pelo intraempreendedor.

O sucesso na implementação de um empreendimento, interno ou não a uma organização, depende de diversos fatores, e a gestão eficiente do processo de mudança é apenas um deles. Quanto maior for a compreensão dos fatores que influenciam o comportamento humano nas organizações mais preparado estará o intraempreendedor para enfrentar os desafios da inovação.

Síntese

Neste capítulo, vimos como a sustentabilidade é importante para que possamos atender às nossas necessidades atuais sem colocar em risco nossa capacidade e a das próximas gerações de dar conta das demandas no futuro. Destacamos que a sustentabilidade na gestão empresarial se sustenta em um tripé formado pela sustentabilidade econômica, ambiental e social.

Refletimos também sobre o desenvolvimento organizacional, que consiste no processo contínuo de transformação das estruturas, buscando-se transformar aquelas antes mecanísticas em organizações mais flexíveis e preparadas para a mudança e a inovação.

Abordamos ainda o processo de gestão da mudança nas organizações. Finalizamos o capítulo apresentando um modelo para facilitar a ação do intraempreendedor que deseja implantar inovações na organização em que atua.

Questões para revisão

1. A atuação sustentável das organizações se apoia em um tripé: a sustentabilidade econômica, a sustentabilidade ambiental e a sustentabilidade social. Explique cada um desses três aspectos.

2. Silva e Zanelli (2004) apontam que a cultura organizacional é criada e implementada com base em mecanismos primários e secundários. Explique como funcionam tais mecanismos.

3. Qual é o principal objetivo do desenvolvimento organizacional? Assinale a opção correta:
    a) Mudar crenças, atitudes, valores e estrutura das empresas para que se tornem mais rígidas e complexas, de modo a se adaptarem às constantes inovações mercadológicas, tecnológicas, econômicas, sociais, demográficas, regulatórias etc.
    b) Transformar organizações de estrutura burocrática, rígida e mecanística em organizações, flexíveis, adaptáveis, abertas à mudança, ao aprendizado e à inovação.
    c) Mudar crenças, atitudes, valores das empresas para promover o intraempreendedorismo e tornar sua estrutura mais complexa, de modo a se adaptarem às constantes inovações mercadológicas, tecnológicas, econômicas, sociais, demográficas, regulatórias etc.
    d) Transformar organizações de estrutura simplistas e flexíveis em organizações mecanizadas, burocráticas e abertas à mudança, ao aprendizado e à inovação.
    e) Promover a mudança da cultura organizacional no desenvolvimento de empresas éticas, mecanizadas, orgânicas, ricas e complexas.

4. Um modelo teórico pioneiro e que está entre os mais disseminados na área de comportamento organizacional foi proposto por Kurt Lewin (1947), segundo o qual o processo de mudança é composto por três fases ou etapas:

1) Descongelamento
2) Mudança
3) Recongelamento

Numere as afirmações a seguir de acordo com as etapas a que correspondem:

( ) Trata-se do momento de tensão, em que comportamentos e formas de agir provisórios começam a ser implementados; a conduta anteriormente usual já não é a mesma, porém novas atitudes, valores, comportamentos e posturas ainda estão sendo tentados. Os testes significam que haverá tentativas, acertos e erros.
( ) Surge a necessidade de mudança, que faz com que a pessoa, o grupo ou a organização entendam e aceitem que o estado atual das coisas não pode ser mantido.
( ) Ocorre a incorporação do novo comportamento pelos colaboradores, e ele vira a norma, isto é, a forma como se deve agir. Mecanismos de incentivo e reforço do novo comportamento são estabelecidos.

Assinale a sequência correta:

a) 1, 2, 3.
b) 3, 1, 2.
c) 2, 1, 3.
d) 1, 3, 2.
e) 3, 2, 1.

5. No processo de gerenciamento da mudança, é importante que se busque neutralizar as forças que opõem resistência a ela e incentivar as que a favoreçam. Este é um dos papéis que as organizações esperam dos líderes. É possível incentivar as forças que favorecem a mudança por meio de algumas iniciativas. Analise as afirmações a seguir e indique se são verdadeiras (V) ou falsas (F):
   ( ) Delegando poder às pessoas para que possam tomar decisões sobre suas ações e recursos de forma independente.
   ( ) Centralizando autoridade entre os subordinados para que trabalhem de acordo com seus conhecimentos e habilidades, suas experiências e aquilo que dominam.

( ) Atribuindo autonomia aos colaboradores, um processo conhecido como *empowerment* (empoderamento).
( ) Proporcionando incentivos ao atingimento dos objetivos organizacionais.

Assinale a sequência correta:

a) V, F, V, V.
b) F, F, V, V.
c) V, F, V, F.
d) V, V, F, V.
e) F, V, F, F.

Questão para reflexão

Temos argumentado que os líderes têm papel fundamental na gestão da mudança nas organizações. Procure se lembrar do último processo de mudança que você vivenciou, como a implantação de um novo sistema, uma nova tecnologia, uma mudança nas estruturas das equipes, uma nova forma de distribuição das atividades, novos produtos ou serviços que a empresa começou a oferecer. Reflita sobre como os líderes envolvidos agiram em relação às equipes com que trabalharam. Você consegue identificar que tipo de comportamento deles foi mais eficiente para que as pessoas adotassem a mudança com mais facilidade?

Para saber mais

Para o leitor que deseja aprofundar o conhecimento sobre o impacto da atuação das empresas entre os diferentes *stakeholders*, recomendamos a leitura da ISO 26000, que certifica a qualidade de gestão sustentável.

INMETRO – Instituto Nacional de Metrologia, Qualidade e Tecnologia. **ISO 26000**: Diretrizes sobre responsabilidade social. Rio de Janeiro, 2010. Disponível em: <http://www.inmetro.gov.br/qualidade/responsabilidade_social/iso26000.asp>. Acesso em: 13 set. 2015.

Outro material interessante é o indicado a seguir, produzido pelo Serviço Brasileiro de Apoio às Micro e Pequenas Empresas (Sebrae) em parceria com o Instituto Ethos com o objetivo de guiar a ação sustentável de pequenas empresas.

INSTITUTO ETHOS; SEBRAE – Serviço Brasileiro de Apoio às Micro e Pequenas Empresas. **Responsabilidade social empresarial para micro e pequenas empresas**: passo a passo. São Paulo, 2003. Disponível em: <http://www3.ethos.org.br/cedoc/responsabilidade-social-empresarial-para-micro-e-pequenas-empresas-passo-a-passo-versao-2003/#.VU7e7_lViko>. Acesso em: 13 set. 2015.

Para aqueles que desejam aprofundar seu estudo sobre o tema *sustentabilidade*, recomendamos uma visita ao site do The Story of Stuff Project. Trata-se de uma organização que tem realizado uma série de vídeos educativos a respeito da necessidade de mudança na mentalidade empresarial para a promoção de uma sociedade mais justa e de um ambiente mais limpo. Sugerimos que você comece pelo vídeo *Story of Stuff*, ou seja, "História das coisas", e a partir daí continue buscando no próprio site os vídeos relacionados aos setores que mais lhe interessam.

THE STORY OF STUFF PROJECT. Disponível em: <www.storyofstuff.org>. Acesso em: 13 set. 2015.

STORY of Stuff. Direção: Louis Fox. EUA, 2007. 21 min. Disponível em: <http://storyofstuff.org/movies/story-of-stuff/>. Acesso em: 13 set. 2015.

Para concluir...

Finalizamos aqui este estudo introdutório sobre comportamento organizacional e intraempreendedorismo. Ao longo deste livro, trabalhamos diversos conteúdos. Começamos por analisar como as tecnologias de gestão vêm se desenvolvendo ao longo dos anos de forma a permitir às organizações enfrentar as mudanças que ocorrem no ambiente e manter-se competitivas e lucrativas.

Vimos que, com a passagem da era da administração clássica e da era neoclássica para a era da informação, a flexibilidade, a adaptação e a inovação se tornaram imperativos da gestão das organizações e que, por isso, o comportamento intraempreendedor vem sendo cada vez mais valorizado pelas empresas e seus funcionários.

Destacamos como as tecnologias de gestão foram aperfeiçoadas com o conhecimento gerado pela área de comportamento organizacional, acarretando uma mudança de foco e de modo de gerir e organizar o trabalho que é bem representada atualmente pela necessidade de desenvolvimento organizacional.

Observamos que as tecnologias de gestão atuais buscam levar em consideração tanto aspectos subjetivos dos indivíduos quanto as relações interpessoais que se estabelecem nos grupos para garantir eficiência e eficácia às organizações e que as modernas estruturas organizacionais mais orgânicas refletem a adoção dessas novas tecnologias.

Nosso objetivo ao tratar de todos esses conteúdos foi apresentar os principais conceitos utilizados na área de comportamento organizacional. Ressaltamos ao longo do texto a importância do intraempreendedorismo como fonte de vantagem competitiva para as organizações e da sustentabilidade como critério imprescindível a ser levado em conta na tomada de decisão empresarial como forma de garantir a sustentabilidade econômica, social e ambiental do planeta.

Também procuramos demonstrar, por meio de exemplos e de um modelo com o passo a passo de gestão da mudança, como gestores ou quaisquer intraempreendedores organizacionais podem buscar aplicar esses conhecimentos em seu dia a dia de trabalho, promovendo mudanças na organização em que atuam.

Ao chegarmos ao final desta jornada, esperamos ter despertado seu interesse sobre os aspectos da subjetividade e das relações interpessoais que são foco da gestão nas organizações. Nosso desejo é também ter contribuído para o desenvolvimento de sua prática como agente de mudança e sensibilizado você no que se refere à relevância da ação responsável e ética na construção de uma sociedade mais justa e de um ambiente mais limpo, condição para que a vida, tal como a conhecemos, seja sustentável ao longo de muitas e muitas gerações futuras.

Referências

ALBUQUERQUE, F. J. B.; PUENTE-PALÁCIOS, K. E. Grupos e equipes de trabalho nas organizações. In: ZANNELI, J. C.; BORGES-ANDRADE, J. E.; BASTOS, A. V. B. (Org.). **Psicologia, organizações e trabalho no Brasil**. Porto Alegre: Artmed, 2004, p. 357-379.

ALDERFER, C. P. An Empirical Test of a New Theory of Human Needs. **Organizational Behavior and Human Performance**, New York, v. 4, n. 2, p. 142-175, May 1969.

ALLPORT, G. **Personality**: A Psychological Interpretation. New York: Holt, Rinehart & Winston, 1973.

_____. **Personality & Social Encounter**. Boston: Beacon Press, 1960.

_____. **The Nature of Personality**: Selected Papers. Westport: Greenwood Press, 1975.

ALVES, A. R. **Empreendedorismo**. Santa Maria, 2011. Material didático elaborado pelo Colégio Técnico Industrial de Santa Maria para o Sistema Escola Técnica Aberta do Brasil – E-Tec Brasil. Disponível em: <http://estudio01.proj.ufsm.br/cadernos_automacao/sexta_etapa/empreendedorismo_2012.pdf>. Acesso em: 18 ago. 2015.

BAKER, H. G.; KECHARANANTA, N. What Facilitates Entrepreneurship? In: INTERNATIONAL COUNSIL FOR SMALL BUSINESS WORLD CONFERENCE, 1998, Singapura. **Proceedings**... Singapura, 1998.

BOCK, A. M. B.; FURTADO, O.; TEIXEIRA, M. L. T. **Psicologias**: uma introdução ao estudo da psicologia. 13. ed., reform. e ampl. São Paulo: Saraiva, 2001.

BOHNENBERGER, M. C.; SCHMIDT, S. Perfil empreendedor e desempenho organizacional. **RAC – Revista de Administração Contemporânea**, Curitiba, v. 13, n. 3, art. 6, p. 450-467, jul./ago. 2009. Disponível em: <http://www.redalyc.org/pdf/840/84012917007.pdf>. Acesso em: 12 set. 2015.

BRASIL. Ministério do Trabalho e do Emprego. **Assédio moral e sexual no trabalho**. Brasília: MTE/Assessoria de Comunicação Social do Ministério do Trabalho e Emprego, 2009. Disponível em: <http://www.eln.gov.br/opencms/export/sites/eletronorte/ouvidoria/assedioMoral.pdf>. Acesso em: 12 set. 2015.

BRUNING, C. **Prazer, sofrimento e riscos de adoecimento na linha de produção**: um estudo de caso em uma empresa do setor automotivo da região metropolitana de Curitiba. 172 f. Dissertação (Mestrado em Administração) – Universidade Federal do Paraná, Curitiba, 2010. Disponível em: <http://www.dominiopublico.gov.br/pesquisa/DetalheObraForm.do?select_action=&co_obra=189986>. Acesso em: 20 ago. 2015.

CARMO, P. S. **A ideologia do trabalho**. São Paulo: Moderna, 1992.

CHIAVENATO, I. **Administração**: teoria, processo e prática. Rio de Janiero: Elsevier Brasil, 1985.

_____. **Comportamento organizacional**: a dinâmica do sucesso das organizações. Rio de Janeiro: Elsevier, 2005.

_____. **Gestão de pessoas**. 3. ed. São Paulo: Elsevier, 2008.

_____. **Introdução à teoria geral da administração**. 4. ed. São Paulo: Makron, 1993.

CÍRCULO CAMILIANO DE QUALIDADE. **Programa Boas Ideias**: Formulário para sugestões de melhorias. Disponível em: <http://www.saocamilo.com/colaboradores/hotsite/CCQ-Boas-ideias/images/formulario_sugestao_de_melhorias.pdf>. Acesso em: 20 ago. 2015.

COHEN, A. R.; FINK, S. L. **Comportamento organizacional**: conceitos e estudos de casos. Rio de Janeiro: Campus, 2003.

DAVIS, M.; RICHARD, B. C.; NICHOLAS, J. A. **Fundamentos da administração da produção**. Porto Alegre: Bookman, 2001.

DIGMAN, J. M. Personality Structure: Emergence of the Five-Factor Model. **Annual Review of Psychology**, Palo Alto, v. 41, p. 417-440, Feb. 1990. Disponível em: <http://www.annualreviews.org/doi/abs/10.1146/annurev.ps.41.020190.002221>. Acesso em: 25 jul. 2015.

DOLABELA, F. **O segredo de Luísa**. São Paulo: Cultura, 1999.

EMPREENDEDOR. In: **Dicionário Michaelis On Line.** Melhoramentos; UOL, 2009. Disponível em: <http://michaelis.uol. com.br/moderno/portugues/index.php?lingua=portugues-portugues&palavra=empreendedor>. Acesso em: 20 ago. 2015.

EMPREENDER. In: **Dicionário Michaelis On Line.** Melhoramentos; UOL, 2009. Disponível em: <http://michaelis.uol.com.br/moderno/portugues/index.php?lingua=portugues-portugues&palavra=empreender>. Acesso em: 20 ago. 2015.

ERA – ÉTICA E REALIDADE ATUAL. **AMBEV: assédio moral é baluarte de estilo vitorioso.** Disponível em: <http://era.org.br/2011/10/ambev-assedio-moral-e-baluarte-de-estilo-vitorioso>. Acesso em: 13 set. 2015.

ETZIONI, A. **Organizações modernas.** Tradução de Miriam L. Moreira Leite. São Paulo: Pioneira, 1980.

FARIA, J. H. de. **Economia política do poder.** 5. ed. Curitiba: Juruá, 2008. 3v.

_____. **Tecnologia e processo de trabalho.** Curitiba: Ed. da UFPR, 1997.

FIEDLER, F. **Personality, Motivational Systems and Behavior of High and Low LPC Persons.** Seatle: University of Washington, 1970.

GONDIM, S. M. G.; SIQUEIRA, M. M. M. Emoções e afetos no trabalho. In: ZANNELI, J. C.; BORGES-ANDRADE, J. E.; BASTOS, A. V. B.(Org.). **Psicologia, organizações e trabalho no Brasil.** Porto Alegre: Artmed, 2004. p. 207-236.

GREAT PLACE TO WORK INSTITUTE. **Como tudo começou.** Disponível em: <http://www.greatplacetowork.com.br/sobre-nos/como-tudo-comecou>. Acesso em: 13 set. 2015.

GRI – Global Report Initiative. **G3:** Diretrizes para a elaboração de relatórios de sustentabilidade. 2006. Disponível em: <https://www.globalreporting.org/resourcelibrary/Portuguese-G3-Reporting-Guidelines.pdf>. Acesso em: 25 jul. 2015.

HAMILTON, B. Intrapreneurship: Leveraging Organizational Talent. **Training Journal,** Dubai, p. 49-53, Nov. 2008. Disponível em: <http://www.expertbase.org/wp-8-309.html>. Acesso em: 25 jul. 2015.

HASHIMOTO, M. **Espírito empreendedor nas organizações:** aumentando a competitividade através do intraempreendedorismo. São Paulo: Saraiva, 2006.

HERZBERG, F. One More Time: How Do You Motivate Employees? **Harvard Business Review,** Boston, v. 46, n. 1, p. 53-62, Jan./Fev. 1968.

INSTITUTO ETHOS; SEBRAE – Serviço Brasileiro de Apoio às Micro e Pequenas Empresas. **Responsabilidade social empresarial para micro e pequenas empresas:** passo a passo. São Paulo, 2003. Disponível em: <http://www3.ethos.org.br/cedoc/responsabilidade-social-empresarial-para-micro-e-pequenas-empresas-passo-a-passo-versao-2003/#.VU7e7_lViko>. Acesso em: 13 set. 2015.

JARAMILLO, V. A. Creando subjetividades laborales. Implicaciones del discurso psicologico em el mundo del trabalo y las organizaciones. **Psicologia & Sociedade,** Belo Horizonte, v. 25. n. 1, p. 185-192, 2013. Disponível em: <http://www.scielo.br/pdf/psoc/v25n1/20.pdf>. Acesso em: 13 set. 2015.

LANA, B. M. H. **Intraempreendedorismo:** uma análise das percepções do gestor sobre o perfil de seus funcionários. 101 f. Dissertação (Mestrado em Administração) – Universidade Fumec. Belo Horizonte, 2010. Disponível em: <http://www.fumec.br/anexos/cursos/mestrado/dissertacoes/completa/bruno_maia_heringer.pdf>. Acesso em: 18 ago. 2015.

LÉVY, A. **Ciências clínicas e organizações sociais:** sentido e crise do sentido. Belo Horizonte: Autêntica; Fumec, 2001.

LEWIN, K. Frontiers in Group Dynamics: Concept, Method and Reality in Social Science; Social Equilibria and Social Change. **Human Relations,** Londres, v. 1, n. 5, June 1947. Disponível em: <http://lchc.ucsd.edu/MCA/Mail/xmcamail.2013_07.dir/pdfeF83xvxgaM.pdf>. Acesso em: 25 jul. 2015.

LOCKE, E. A. Motivation through Conscious Goal Setting. **Applied and Preventive Psychology,** Cambridge, v. 5, p. 117-124, 1996. Disponível em: <http://expand.nu/wp-content/uploads/M%C3%A5ls%C3%A6tning-review.pdf>. Acesso em: 25 jul. 2015.

MANSO, U. A. A Kimberly-Clark premia as boas ideias dos funcionários. **Você RH**, 10 dez. 2011. Disponível em: <http://exame.abril.com.br/revista-voce-rh/edicoes/19/noticias/sacadas-milionarias>. Acesso em: 14 set. 2015.

MARGLIN, S. A.; SCHOR, J. B. **The Golden Age of Capitalism**: Reinterpreting the Postwar Experience. Oxford: Clarendon Press, 2000.

MASLOW, A. H. A Theory of Human Motivation. **Psychological Review**, Washington, v. 50, n. 4, p. 370-396, July 1943.

MATTOS, J. F. C. **Manual de inovação**. Brasília: Movimento Brasil Competitivo, 2008. Disponível em: <http://www.utfpr.edu.br/patobranco/estrutura-universitaria/diretorias/direc/nit/publicacoes/ManualdeInovao.pdf>. Acesso em: 25 jul. 2015.

MAXIMIANO, A. C. A. **Teoria geral da administração**: da revolução urbana à revolução digital. 3. ed. São Paulo: Atlas, 2000.

MCCLELLAND, D. Business Drive and National Achievement. **Harvard Business Review**, v. 40, n. 4, p. 55-112, 1962.

_____. **Human Motivation**. Cambridge: Cambridge University Press, 1987.

MENEGHELLI, L. **Logotipos criativos e as teorias da Gestalt**. 18 dez. 2012. Disponível em: <http://www.cleek.com.br/blog/design/logotipos-criativos-e-as-teorias-da-gestalt>. Acesso em: 13 set. 2015.

MESMO em meio à crise, alguns setores da economia seguem contratando. Programa Conta Corrente. **Globonews**, 6 jul. 2015. Disponível em: <http://globotv.globo.com/globo-news/conta-corrente/v/mesmo-em-meio-a-crise-alguns-setores-da-economia-seguem-contratando/4303257/>. Acesso em: 25 jul. 2015.

MIRANDA NETO, J. H.; CRUZ JUNIOR, L. L.; ZAGO, C. C. A gestão por competências: uma nova forma de segmentação do trabalhador no trabalho. In: Seget – SIMPÓSIO DE EXCELÊNCIA EM GESTÃO E TECNOLOGIA, 4., 2007, Resende. **Anais**... Resende, RJ: Seget, 2007. Disponível em: <http://www.aedb.br/seget/arquivos/artigos07/1313_Artigo%20Joao%20Celia%20Lairton.pdf>. Acesso em: 25 jul. 2015.

MLODINOW, L. **O andar do bêbado**: Como o acaso determina nossas vidas. Rio de Janeiro: Zahar, 2009.

MONTENEGRO, M. C. **Empreendedorismo e intraempreendedorismo:** a bola da vez. Disponível em: <http://www.sebrae.com.br/sites/PortalSebrae/bis/A-diferen%C3%A7a-entre-o-empreendedorismo-e-intraempreendedorismo>. Acesso em: 25 jul. 2015.

MOTTA, F. C. P. Controle social nas organizações. **RAE – Revista de Administração de Empresas**, São Paulo, v. 33, n. 5, p. 68-87, set./out. 1993. Disponível em: <http://rae.fgv.br/sites/rae.fgv.br/files/artigos/10.1590_S0034-75901993000500005.pdf>. Acesso em: 25 jul. 2015.

NAVARRO, V. L.; PADILHA, V. Dilemas do trabalho no capitalismo contemporâneo. **Psicologia & Sociedade**, Belo Horizonte, v. 19, n. 1, p. 14-20, 2007. Disponível em: <http://www.scielo.br/pdf/psoc/v19nspe/v19nspea04.pdf>. Acesso em: 25 jul. 2015.

PEREIRA, C. Programa da Embraer ajuda a melhorar rotina do trabalho. **O Vale**, 26 maio 2013. Disponível em: <http://www.ovale.com.br/regiao/programa-da-embraer-ajuda-a-melhorar-rotina-do-trabalho-1.407820>. Acesso em: 20 ago. 2015.

PETIT, F.; DUBOIS, M. **Introdução à psicossociologia das organizações.** Lisboa: Instituto Piaget, 1998.

PIDD, M. **Modelagem empresarial:** ferramentas para tomada de decisão. Porto Alegre: Bookman, 1996.

PINCHOT, G. **Intrapreneuring:** Why You Don't Have to Leave the Corporation to Become an Entrepreneur. New York: Harper and Row, 1985.

_____. **Sua ideia vale ouro no novo modelo de administração.** 14 jul. 2004. Entrevista. Disponível em: <http://www2.uol.com.br/aprendiz/guiadeempregos/executivos/info/artigos_150704.htm>. Acesso em: 16 set. 2015.

PINCHOT, G.; PELLMAN, R. **Intraempreendedorismo na prática:** um guia de inovação nos negócios. Rio de Janeiro: Campus, 2004.

PRYOR, A. K.; SHAYS, E. M. Growing the Business with Intrapreneurs. **Business Quarterly**, London, v. 57, n. 3, p. 42, 1993.

ROBBINS, S. P. **Comportamento organizacional.** 11. ed. São Paulo: Pearson Prentice Hall, 2005.

ROSA, C. A. **Como elaborar um plano de negócio.** Belo Horizonte: Sebrae/MG, 2004. Disponível em: <http://www.ufal.edu.br/empreendedorismo/downloads/manuais-guias-cartilhas-e-documentos-sobre-empreendedorismo-e-inovacao/apostila-como-elaborar-um-plano-de-negocio-sebrae-mg>. Acesso em: 21 ago. 2015.

SCHEIN, E. H. Organizational Culture and Leadership. San Francisco: Jossey Bass, 1991.

SCHERMERHORN JUNIOR, J. R.; HUNT, J. G.; OSBORN, R. N. **Fundamentos de comportamento organizacional.** Porto Alegre: Bookman, 2005.

SCHOLTES, P. R. **The Team Handbook:** How to Use Teams to Improve Quality. Madison, Wisconsin: Joiner Associates, 1988.

_____. P. R.; BRIAN, L. J.; BARBARA J. S. **The Team Handbook.** Madison, Wisconsin: Oriel Incorporated, 1996.

SCHULTZ, D. P.; SCHULTZ, S. E. **Teorias da personalidade.** 9. ed. São Paulo: Cengage Learning, 2011.

SEBRAE/ES - Serviço de Apoio às Micro e Pequenas Empresa do Espírito Santo. **O empreendedor e suas características.** Vitória: SEBRAE/ES, 2005. (Coleção Manual do Empresário). Disponível em: <http://vhconsultores.com.br/gallery/pdf_Caracteristicas_do_Empreendedor.pdf>. Acesso em: 20 ago. 2015.

SILVA, N.; ZANELLI, J. C. Cultura organizacional. In: ZANNELI, J. C.; BORGES-ANDRADE, J. E.; BASTOS, A. V. B. (Org.). **Psicologia, organizações e trabalho no Brasil.** Porto Alegre: Artmed, 2004. p. 407-442.

TAYLOR, F. W. **Principles of Scientific Management.** New York: Harper & Row, 1911. Disponível em: <http://www.eldritchpress.org/fwt/ti.html>. Acesso em: 25 jul. 2015.

TOILLIER, O. A reação dos macacos. In:_____ (Org.). **100 estórias de vida e sabedoria.** 10. ed. São Leopoldo: Sinodal, 2000.

ULRICH, D. **Recursos humanos estratégicos:** novas perspectivas para os profissionais de RH. Tradução de Cristina Bazán. São Paulo: Futura, 2003.

VOLKSWAGEN DO BRASIL. **No Dia da Criatividade, Programa Geração de Ideias Volkswagen contabiliza prêmios de R$ 12,5 milhões a funcionários.** 2011. Disponível em: <http://www.vwbr.com.br/ImprensaVW/Release.aspx?id=d13542a4-1f7a-446f-9d83-66f68c7e389c>. Acesso em: 20 ago. 2015.

VROOM, V. H. **Work and Motivation.** Flórida: Krieger Publishing Company, 1982.

WAGNER, J. A.; HOLLENBECK, J. R. **Comportamento organizacional:** criando vantagem competitiva. Tradução de Cid Knipel Moreira. São Paulo: Saraiva, 1999.

WORLD COMMISSION ON ENVIRONMENT AND DEVELOPMENT. **Our Common Future.** Oxford: Oxford University Press, 1987. Disponível em: <http://www.un-documents.net/our-common-future.pdf>. Acesso em: 25 jul. 2015.

3M BRASIL. **Quem somos.** Disponível em: <http://solutions.3m.com.br/wps/portal/3M/pt_BR/about-3M/information/about/us>. Acesso em: 25 jul. 2015.

Respostas

Capítulo 1

Questões para revisão

1. Empresas gerenciadas conforme os princípios prevalecentes na era da administração clássica, de modo geral, assumem um tipo de estrutura caracterizada pelo grande número de níveis hierárquicos, pela centralização do comando e das comunicações, pela adoção de fluxos de comunicação somente verticais e de cima para baixo, ou seja, ordens de comando que partem da alta cúpula e são repassadas até os níveis hierárquicos mais inferiores no organograma, sem espaço para que conhecimentos ou informações vindos de ocupantes de cargos de níveis inferiores da hierarquia sejam considerados. Os cargos são rígidos, simplificados e imutáveis, caracterizados por um conjunto de pouquíssimas atividades, reduzidas até mesmo a movimentos previamente planejados e predeterminados.
2. A estrutura organizacional mais característica da era da administração neoclássica passou a ser mais descentralizada que a da era clássica. Houve o desdobramento da empresa em grande número de departamentos, cada um centralizando as decisões a respeito de sua área de *expertise*; também diminuiu o número de níveis hierárquicos, fazendo com que as comunicações, antes somente verticais e de cima pra baixo, passassem a fluir em ambas as direções – de um lado, a cadeia de comando foi mantida e as ordens vindas de cargos superiores continuaram a ser repassadas para os cargos inferiores na hierarquia; de outro, passou-se a procurar escutar o que os ocupantes de cargos que estavam na base da empresa tinham a dizer, de modo a utilizar o conhecimento e a experiência deles para propor melhorias na empresa. Além disso, em relação aos cargos, que na era da administração clássica eram extremamente simplificados e fixos, passaram, na era da administração neoclássica, a ser mais abrangentes e flexíveis, pois passaram a compreender um

conjunto mais amplo de atividades, as quais o ocupante já deveria saber desempenhar conforme o próprio conhecimento e experiência de maneira muito mais autônoma que no passado.
3. b
4. c
5. c

Capítulo 2

Questões para revisão
1. e
2. b
3. d
4. Organizações que incentivam o intraempreendedorismo garantem os recursos necessários para a inovação, como a liberdade de expressão e o *empowerment*, a liberdade de comunicação tanto horizontal quanto vertical e o incentivo à participação de todos os colaboradores, a maior delegação de poder aos indivíduos, o reconhecimento e recompensa em relação à ação empreendedora (por parte tanto da estrutura formal como das lideranças), a tolerância ao erro e a disponibilização de tempo para ajustes e correções das inovações implementadas.
5. O valor de investimento total pode ser estimado pela soma entre investimentos fixos, investimentos financeiros e investimentos pré-operacionais. O investimento fixo diz respeito a todos os bens que precisam ser adquiridos para que o empreendimento possa funcionar (máquinas, equipamentos, ferramentas, veículos etc.). Já os investimentos financeiros são aqueles correspondentes à formação de capital de giro necessário, isto é, para o funcionamento cotidiano do processo em questão; eles envolvem compra de matérias-primas, pagamento de salários, energia, aluguel do espaço e demais despesas. Finalmente, os investimentos pré-operacionais estão associados aos gastos realizados antes do início das atividades do novo processo ou empreendimento interno, como reformas, taxas de registro e certificações. É necessário contabilizar todos esses valores e somá-los para que se tenha clareza quanto ao investimento total do empreendimento interno que está sendo proposto.

Capítulo 3

Questões para revisão
1. d
2. Devem ser consideradas as seguintes:
   - Viés de excesso de confiança: Também é conhecido como a tendência de sermos excessivamente otimistas, em confiarmos demais em nossa habilidade e desempenho. Pode ser prejudicial no processo de tomada de decisão, pois, quando estamos confiantes, comumente deixamos de nos preparar ou nos informar o suficiente para a tarefa que deve ser realizada.
   - Viés de ancoragem: Relaciona-se a uma tendência de permanecermos fixados em uma impressão ou informação inicial e desprezarmos informações subsequentes que poderiam ser contraditórias à inicial. Esse erro de julgamento ocorre porque nossa percepção tende a dar ênfase desproporcional às primeiras informações que recebemos sobre algo. O viés de ancoragem é comum em decisões que envolvem negociação, em que tendemos a nos fixar nas propostas iniciais e a ter dificuldades em reavaliar as subsequentes, ainda que levem em consideração informações que não tínhamos na primeira rodada de negociações.
   - Viés de confirmação: Esse erro de percepção e julgamento corresponde a um caso específico de percepção seletiva. Em um processo de tomada de decisão, tendemos a considerar e a aceitar mais informações que confirmam ideias preconcebidas ou escolhas que já tenhamos realizado no passado e a não olhar com tanta atenção informações que as contradizem ou a sermos céticos e críticos em relação a estas últimas. É comum até mesmo que procuremos fontes ou pessoas que com maior probabilidade nos digam aquilo que queremos ouvir.
   - Viés de disponibilidade: Refere-se à tendência de realizarmos julgamento com base em informações que estão mais disponíveis, isto é, que são mais

presentes, mais recentes, mais "frescas" em nossa memória. Imagine, por exemplo, que uma empresa trabalha com a venda de diversos produtos, todos com qualidade semelhante e com a mesma taxa de reclamação e devolução dos clientes. No entanto, nas últimas duas semanas, determinado colaborador, por uma questão aleatória, atendeu a reclamações de cinco clientes, todas relacionadas ao mesmo produto. Dado o viés de disponibilidade, é de se esperar que ele tenha uma tendência de acreditar que esse produto, é pior que os demais, mesmo que, na média anual, todos apresentem a mesma taxa de reclamação.

- Viés de escalada de comprometimento: Refere-se à tendência de permanecer comprometidos com decisões anteriormente tomadas, mesmo quando temos acesso a informações que evidenciam que outras poderiam ser melhores ou que estamos errados. Quanto mais insistimos em uma decisão e mais investimos nela, maior nossa resistência em abandoná-la. É uma dificuldade natural relacionada ao fato de termos de admitir que estamos errados. Em alguns casos, quando percebemos isso, investimos ainda mais tempo e energia em nossa decisão inicial para tentar fazer com que ela dê certo, justamente para não termos de admitir nosso erro; com isso, acabamos por insistir em algo que percebemos que não era a melhor alternativa.
- Erro de aleatoriedade: Refere-se à tendência de acreditarmos que podemos prever e controlar o resultado de eventos que são aleatórios, ou seja, que estão fora do nosso controle. Um exemplo é a superstição. Outro exemplo: imagine um colaborador que por três sextas-feiras consecutivas tentou falar com seu gestor e teve como reação respostas negativas às suas solicitações. Por uma percepção errônea, ele passa a acreditar que sexta-feira não é um bom dia para realizar solicitações à gerência e, dado o erro de aleatoriedade, pensa

que deve fazê-las em quaisquer outros dias, menos às sextas-feiras. Vale observar que o fato de ter recebido respostas negativas nesses dias é, provavelmente, aleatório, e que as teria recebido de qualquer maneira mesmo se as reuniões fossem em outros dias.

* Aversão ao risco: Refere-se à tendência de preferirmos algo que nos traga um ganho certo a algo duvidoso. As pessoas variam em relação a quanto estão dispostas a assumir riscos: algumas são extremamente impulsivas, já outras extremamente conservadoras. A tendência de evitarmos riscos faz com que acabemos por decidir por opções que sejam mais seguras e tragam ganhos moderados em detrimento de opções mais arriscadas, porém com possibilidade de ganhos maiores.

3. Algumas das formas por meio das quais as pessoas aprendem os comportamentos adequados e os melhores cursos de ação a serem tomados no trabalho são:

a) por meio do ensino formal, realizado em cursos técnicos, tecnológicos ou superiores em instituições de ensino regulamentadas;
b) por meio de treinamentos planejados pela própria organização, que podem ocorrer em formato de cursos, aulas, palestras, treinamentos de integração, treinamentos práticos, simulações, rodízio de atividades, estágios, entre outros; e
c) por meio da ação dos líderes no dia a dia de trabalho, ao interagirem com suas equipes, com base naquilo que incentivam e reprimem.

4. a
5. a

Questões para reflexão

2. As empresas elaboram um código de ética a fim de estabelecerem normativas de comportamento ético para orientar a postura dos colaboradores na interação com todos os públicos que delas fazem parte. Essa construção é feita com base nos padrões de ética nos quais as empresas acreditam e nos desejos do corpo diretivo, da gerência e de outras lideranças.

Uma vez que a empresa determina em suas normas o modo como os colaboradores devem agir em situações de dilema ético, não cabe mais a eles tomarem a decisão por si mesmos. Diante de um problema, a alternativa de ação que escolherão deverá ser a que já está estabelecida pela corporação, e é dessa forma que as normas, metas e prazos fixados influenciam a tomada de decisão.

Cada empresa estabelece em seu código de ética os padrões de conduta que considera importantes. Nesse sentido, as regras ali presentes permitem comunicar seus valores, pois precisa deixar claro o que deseja fazer e o comportamento que espera de cada um de seus funcionários, razão pela qual o que consta no código de ética deve ser congruente com os valores que fundamentam a cultura organizacional de uma empresa.

Capítulo 4

Questões para revisão
1. e
2. c
3. b
4. a
5. Teorias mais recentes sobre efetividade da liderança sinalizam que, dependendo da situação, das contingências específicas de cada caso, diferentes estilos de liderança poderiam ser igualmente eficientes. São as teorias situacionais ou contingenciais da liderança. As teorias situacionais, de forma geral, consideram que o líder deve analisar o cenário e escolher a forma de liderança mais efetiva para aquele caso. As situações variam conforme as características do líder (personalidade, capacidade de moldar o comportamento conforme a situação demanda), dos liderados (se são pessoas maduras ou imaturas, se têm conhecimento da tarefa a ser desempenhada ou não, se se trata de um grupo recém-formado ou acostumado a trabalhar junto, entre outras) e da situação em si (se é nova e demanda ação urgente, se é nova mas dispõe de tempo para mudar, se é rotineira etc.).
6. Nas organizações coexistem duas modalidades de grupos: os informais e os formais. Os informais são

agrupamentos naturais que ocorrem entre as pessoas e decorrem das necessidades sociais de vínculo, acolhimento e participação. São exemplos as famílias, os grupos de interesse, de afinidade e outros. Nos grupos informais, os comportamentos que os participantes escolhem realizar são definidos por interesses particulares e vão tomando forma na interação interpessoal, que envolve negociações, ajustes e barganhas com os comportamentos e interesses dos demais membros do grupo.Já os grupos formais são característicos das organizações, pois se definem pela estrutura organizacional, que designa o organograma, quem fará parte de cada grupo, a quem este será subordinado, quais os objetivos e atividades que deverão ser realizados por ele, qual o papel que cada um deve assumir para cumprí-los e como se darão as comunicações, as ordens e os comandos, entre outros. Nos grupos formais, o comportamento nos quais os participantes devem se engajar são determinados pelos objetivos organizacionais.

Questões para reflexão

1.
- ♦ Liderança autocrática – Esse estilo de liderança é mais indicado para situações em que os liderados são imaturos, ou não têm conhecimento técnico sobre a atividade a ser realizada ou nos casos em que o grupo foi composto recentemente e os participantes ainda não se conhecem. Também se aplica a situações em que não há conhecimento técnico, maturidade ou integração suficiente para que o grupo participe das decisões.
- ♦ Liderança paternalista ou benevolente – Esse estilo de liderança é mais indicado para situações em que é necessário desenvolver os membros do grupo e as relações interpessoais entre os participantes.
- ♦ Liderança democrática – Esse estilo de liderança é mais indicado para situações em que liderados são maduros, têm conhecimento técnico sobre a atividade a ser realizada e estão

integrados em uma equipe na qual já há confiança mútua.

2. Como vimos ao tratar da teoria da identidade social, procuramos nos vincular a grupos que tenham alto *status* social, isto é, que sejam reconhecidos socialmente de forma positiva. Isso explica por que nossa autoestima se vincula fortemente ao desempenho dos grupos do qual fazemos parte; trabalhar em uma empresa conhecida e reconhecida socialmente faz com que nos sintamos bem, tenhamos orgulho dela e de nós mesmos por estarmos ali. E a empresa, o que ganha com isso? Se nos identificarmos com ela, nós nos vincularemos de maneira mais profunda e duradoura, o que se refletirá em esforço de manutenção desse vínculo. Em outras palavras, colaboradores com forte afinidade com a organização em que trabalham são mais motivados e comprometidos.

Capítulo 5

Questões para revisão

1. Ser sustentável economicamente implica uma organização gerenciar os recursos de forma a não consumi-los totalmente no curto ou médio prazo, e sim investir em mudanças necessárias para que tenha um modo de produção e gestão que, pelo menos em teoria, possa funcionar eternamente. A dimensão econômica da sustentabilidade se refere também aos impactos que a organização pode gerar sobre as condições econômicas de todos os seus *stakeholders*, tanto em âmbito local de atuação quanto nos âmbitos nacional e global.
Ser sustentável ambientalmente implica a minimização das externalidades negativas que a organização possa ter nos sistemas naturais, incluindo ecossistemas, terra, ar e água. Sabemos que boa parte dos recursos naturais é finita, outros têm capacidade de reprodução mais lenta do que a velocidade com que vêm sendo consumidos. Garantir que tiraremos proveito dos recursos naturais de forma sustentável é utilizá-los de modo que não acabem nem sejam restringidos para as próximas gerações. Relacionam-se com a

sustentabilidade ambiental as decisões das empresas sobre consumo de materiais, energia e água, bem como a geração de emissões e efluentes e a produção de resíduos. Se a sustentabilidade ambiental tem como foco a responsabilidade da empresa em relação aos sistemas naturais, a social se refere à responsabilidade das organizações perante os sistemas sociais nos quais opera. Estes dizem respeito basicamente a pessoas, grupos, sociedades e instituições com os quais as corporações interagem, e a sustentabilidade social, à manutenção de relações equilibradas, justas e que respeitem preceitos de direitos humanos e promovam o bem comum. São exemplos da responsabilidade ligada à sustentabilidade social a forma como as organizações estabelecem e gerenciam as práticas laborais, a responsabilidade relacionada ao produto e o bem ou o mal que podem acarretar ao consumidor, sua influência social mais ampla por meio de valores que promovem em suas propagandas e o *lobby* que podem vir a realizar com representantes governamentais.

2. Os mecanismos primários são as formas como os líderes agem que incentivam ou desestimulam os colaboradores a se comportarem de diferentes maneiras. Por exemplo: Em que os líderes prestam atenção? O que eles avaliam com regularidade? Estes serão os itens aos quais seus subordinados também prestarão mais atenção. Como reagem a incidentes ou crises? Que critérios usam para embasar suas decisões? Qual o critério utilizado para atribuir recompensas ou alocar *status*? O que levam em consideração na hora de selecionar, promover, premiar ou demitir colaboradores? É na sua ação no dia a dia, mais do que no que dizem, que ensinam aos subordinados as formas de agir que serão bem vistas e recompensadas e as que serão ignoradas ou punidas.
Já os mecanismos secundários de criação e implementação da cultura organizacional englobam a estrutura formal da organização, seus sistemas e procedimentos, as regras, as

normas e as declarações oficiais sobre os valores e os princípios dela.
3. b
4. c
5. a

Questão para reflexão
O comprometimento dos líderes é fundamental para o sucesso de um processo de mudança. Líderes que assumem um comportamento de inspirar suas equipes rumo à mudança, que apontam a direção, são tolerantes e encorajadores tendem a ser descritos como facilitadores da mudança por suas equipes. Com base no que foi apresentado sobre os estilos de liderança no Capítulo 4 deste livro, podemos destacar estilos de liderança mais voltados para pessoas e relações. Quando os líderes assumem uma postura mais paternalista e benevolente, promovem com mais eficácia a sensibilização no que se refere à necessidade de mudança e à implementação dos novos comportamentos a serem adotados.

Sobre as autoras

Camila Bruning
Doutoranda em Administração na linha de pesquisa de Análise Organizacional e Estratégia. É mestre em Administração, especialista em Psicologia Organizacional e Gestão de Pessoas e graduada em Psicologia. Tem experiência nas seguintes áreas: organizações e sistemas de gestão de pessoas, comportamento organizacional, saúde no trabalho e relação entre trabalho e subjetividade. Atua como docente em cursos de graduação e pós-graduação.

Cristiane Cecchin Monte Raso
Doutoranda em Engenharia Mecânica, mestre em Engenharia da Produção, com ampla vivência na área produtiva em empresas metalúrgicas e químicas. Tem experiência em organização de áreas operacionais e implementação de novas plantas de fabricação. Ampla experiência em ministrar treinamentos técnicos, principalmente em ferramentas de administração de chão de fábrica. Atua como docente em cursos de graduação e pós-graduação.

Alessandra de Paula
Doutora em Engenharia de Produção, mestre em Engenharia de Produção, graduação em Administração. Atualmente é coordenadora e professora titular do Centro Universitário Internacional Uninter. Tem experiência nas seguintes áreas: inteligência organizacional, administração organizacional, administração da qualidade, processos em produtos e serviços e estratégias organizacionais. Atua principalmente na educação a distância, nas áreas de gestão e desenvolvimento de serviços, gestão de marcas, avaliação organizacional e gestão e desenvolvimento de produtos e processos, estratégias competitivas, logística empresarial, qualidade organizacional e motivacional.

Impressão: Serzegraf
Novembro/2015